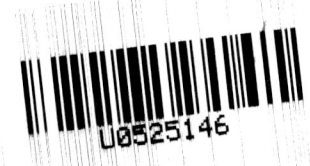

国家社会科学基金重大项目——“锡伯语（满语）基础语料库建设与研究”（15ZDB110）阶段性成果

清代伯都讷

满汉文档案选辑

主　编　吴忠良　赵洪祥
副主编　高大鹏　许淑杰

上册

中国社会科学出版社

图书在版编目（CIP）数据

清代伯都讷满汉文档案选辑：全二册 / 吴忠良，赵洪祥主编. —北京：中国社会科学出版社，2018.9

ISBN 978-7-5203-3002-2

Ⅰ.①清… Ⅱ.①吴… ②赵… Ⅲ.①历史档案—汇编—扶余县—满语、汉语Ⅵ.① K293.44

中国版本图书馆 CIP 数据核字（2018）第 184815 号

出 版 人　赵剑英
责任编辑　吴丽平
责任校对　张翠萍
责任印制　李寡寡

出　　版　中国社会科学出版社
社　　址　北京鼓楼西大街甲 158 号
邮　　编　100720
网　　址　http://www.csspw.cn
发 行 部　010-84083685
门 市 部　010-84029450
经　　销　新华书店及其他书店

印刷装订　北京君升印刷有限公司
版　　次　2018 年 9 月第 1 版
印　　次　2018 年 9 月第 1 次印刷

开　　本　787 × 1092　1/16
印　　张　82
字　　数　510 千字
定　　价　598.00 元（全二册）

凡购买中国社会科学出版社图书，如有质量问题请与本社营销中心联系调换
电话：010-84083683

前言

《清代伯都讷满汉文档案选辑》所收录的档案原件全部藏于吉林省扶余市档案馆。扶余市档案馆藏有清代档案共四个全宗，近四千件，年代最早的是同治六年（一八六七），最晚至宣统三年（一九一一），绝大多数为光绪末年和宣统年间档案。其内容主要涉及军事、官制、人事、财政、旗人生计、民人管理、地亩、教育、诉讼等。其中部分档案带有满文或蒙古文，我们从这部分档案当中选取七二件构成本档案辑。

根据档案的形成特点，档案辑分为三编。第一编包括第一至十六篇档案，档案的「办文单」为满汉合璧，但档案内容是汉文书写。第二编由第一七至五五篇档案组成，除了第五十篇为蒙汉合璧档外，其余是满汉合璧档。第三编是第五六至七二篇档案，档案的「办文单」是用汉文书写的，但档案内容全部为满文书写。为尽量保持档案原貌，我们对档案进行了高清扫描，出版社又予以进一步处理，但并未改变档案原有顺序。由于满文和蒙古文是从左向右书写，与汉文相反。所以，阅览满文或蒙古文档案时需要注意。

选择这些档案，是出于以下原因。参加工作不久后的二〇一五年一月，利用寒假时间，本人与同事许淑杰教授和聂有财博士对清代吉林所辖部分地区进行了考察，目的是想了解地方档案馆是否藏有清代档案。虽然去了十来个地方，但发现藏有清代档案的，只有黑龙江省哈尔滨市双城区（清代属吉林）档案馆和吉林省扶余市档案馆。而且其中有满文档案。扶余市档案馆所藏档案为「伯都讷副都统衙门档」和「伯都讷旗务承办处档」。这些发现让我们非常高兴。因吉林师范大学历史文化学院满族文化研究所（二〇一七年六月更名为满学研究院）在本硕博课程中都没有满语课，有些学生有能力利用这些满文档案进行研究，同时，档案馆可成为部分本科生的实习实训基地。另外，档案馆因人员缺少，尤其是没有懂得满文的工作人员，所以档案的整理编目和数字化工作一直未能圆满解决。在这种档案馆与学校能够达到互利互惠的前提下，二〇一五年七月，满族文化研究所和扶余市档案馆签订了「满族文化教学与科研实践基地合作建设协议书」和「满文档案整理合作协议书」。双方并于二〇一六年十月签订了「清代满汉文档案出版合作协议书」。为了我们的学生及学界同仁便于利用这些满文档案，我们将带有满文的部分档案，还有一篇蒙汉合璧档案抽选出来，结集出版，才有了这部《清代伯都讷满汉文档案选辑》。

伯都讷副都统衙门为吉林将军衙门下设的五个副都统衙门之一，辖区位于松花江大拐弯处之东南（与现在的扶余市辖区大体一致）。其西、北两面以松花江为界，与郭尔罗斯前、后二旗毗邻，东至拉林河，和阿勒楚喀副都统辖地接壤，南至巴彦鄂佛罗边门，同吉林副都统辖区交界。康熙三十一年（一六九二），为防范准噶尔部东进，清廷于伯都讷地方始设八旗驻防，置副都统，隶宁古塔（吉林）将军。另外，在此前康熙二十五年（一六八六）设置的吉林乌拉至黑龙江城台站经由伯都讷。故伯都讷既是水陆通衢之所，亦为军事要地。光绪三十三年（一九〇七），作为清政府改革措施之一，东北三将军辖区改设行省，裁撤将军，行省下设省旗务处，开始承办旗人事务。宣统元年（一九〇九），吉林五城副都统全部裁撤，设旗务承办处，管理一切旗务事宜。在此情况下，伯都讷副都统衙门被裁撤，伯都讷旗务承办处成立。八旗组织迅速瓦解，八旗兵丁亦逐步由旗籍改入民籍。扶余市档案馆所藏档案为了解和研究这一时期伯都讷，乃至吉林地方旗人社会变迁提供了大量翔实的史料。

吉林是满洲故里，清代吉林将军及伯都讷副都统等几乎由满洲或蒙古大臣出任，八旗满蒙驻防官兵也非常多。因此清代吉林地区曾广泛使用满文处理公务。但因战火等，清代吉林地方档案遗存下来的很少，尤其是满文档案更是少之又少。在此情况下，扶余市档案馆所藏满文档案就显得极为珍贵。遗憾的是，该馆所藏清代档案一直未受学界关注，甚至尚未被学界所知。虽然本档案选辑所收档案数量不多，但我们希望通过类似的合作与开发，能为推动吉林历史档案的开发与利用，以及为学界提供第一手史料做出一点贡献。

在档案的合作整理与开发等过程中，吉林师范大学校长杨景海教授和副校长李海波教授，扶余市档案馆原馆长李纯德先生和现馆长赵洪祥先生，以及副馆长高大鹏先生都给予大力支持。吉林师范大学历史文化学院许淑杰教授和聂有财博士，及部分学生为档案的整理和录入工作付出辛苦劳动。本档案辑的顺利出版，也离不开中国社会科学出版社编辑吴丽平女士的鼎力帮助。吉林师范大学校方提供了经费资助。在此一并致以最诚挚的感谢！另外，档案的选取、分编、校对，以及根据档案内容和摘由编设目录等工作由吴忠良完成。不妥之处，还请方家批评指正。

吴忠良

二〇一八年八月三日

目录

第一编

1 伯都讷副都统衙门为发给天主堂承领捕鱼执照事咨天主堂文
光绪三十一年十一月二十二日……三

2 伯都讷副都统衙门为报送拣选兵花名清册事呈吉林将军衙门文
光绪三十二年三月十一日……二六

3 伯都讷副都统衙门为派员将常备军逃回之兵送营事咨吉林常备军二标统带文
光绪三十二年十月八日……九七

4 伯都讷副都统为查复常备军兵人数事札饬左右两翼协领文
光绪三十二年十二月二十四日……一一八

5 伯都讷副都统为严拏常备军逃兵事札饬左右两翼协领文
光绪三十三年五月一日……一八〇

6 伯都讷副都统为报送常备军花名清册事呈吉林巡抚文
光绪三十三年十月十五日……一九四

7 伯都讷副都统为教习瑚图礼已三年期满事呈吉林巡抚文
光绪三十三年十一月十五日……二二一

8 伯都讷副都统为严缉潜逃之常备军披甲金升等事札饬左右两翼协领文
光绪三十四年二月一日……二三二
9 伯都讷副都统为严缉常备军逃兵富林等事札饬左右两翼协领文
光绪三十四年七月二十五日……二四三
10 伯都讷副都统为报送拣选之兵花名清册事行吉林全省旗务处文
光绪三十四年八月四日……二五二
11 伯都讷副都统为严缉常备军逃兵事札饬左翼协领文
光绪三十四年八月十日……二八〇
12 伯都讷副都统为报送义仓公田地亩事呈东三省总督吉林巡抚文
宣统元年二月十二日……二八七
13 伯都讷副都统为勘明绘图义仓公田地亩事札饬特派云骑尉托璋阿文
宣统元年四月一日……三〇二
14 云骑尉托璋阿等为勘丈义仓公田地亩清册绘图事呈伯都讷副都统文
宣统元年五月三日……三一〇
15 伯都讷副都统为将挑妥之兵交付来员启程赴营送讫事咨吉林全省旗务处文
宣统元年六月七日……三一六
16 伯都讷副都统为将挑妥之兵交付来员领回本营事咨复吉林全省旗务处文
宣统元年十月十四日……三四四

第二编

17 伯都讷旗务处为报送因公差出署理旗佐官员衔名清册事呈吉林全省旗务处文 宣统二年一月十三日……三六一
18 伯都讷旗务处为望祭长白山需用活兔事呈吉林全省旗务处文 宣统二年一月二十日……三七一
19 伯都讷旗务处为报送宣统元年两次恭逢恩诏应请封典武职各员衔名清册事呈吉林全省旗务处文 宣统二年一月二十二日……三八〇
20 伯都讷旗务处为报送光绪三十四年等三次恭逢恩诏应请封典武职各员衔名清册事呈吉林全省旗务处文 宣统二年一月二十二日……四二〇
21 伯都讷旗务处为呈请防御封赠事呈吉林全省旗务处文 宣统二年一月二十三日……四五九
22 伯都讷旗务处为呈请佐领封赠事呈吉林全省旗务处文 宣统二年一月二十三日……四八〇

23 伯都讷旗务处为报送因公差出署理旗佐官员衔名清册事呈吉林全省旗务处文
宣统二年一月二十五日……五〇四
24 宁古塔旗务处为抄送升调伯都讷佐领蕴祥出身履历事咨伯都讷旗务处文
宣统二年三月一日……五一六
25 伯都讷旗务承办处为报送大小官员出身满汉履历清册事呈吉林全省旗务处文
宣统二年三月九日……五三二
26 伯都讷旗务承办处为报送因公差出署理旗佐官员衔名清册事呈吉林全省旗务处文
宣统二年四月二十四日……五四五
27 伯都讷旗务承办处为望祭长白山需用活兔事呈吉林全省旗务处文
宣统二年七月二十二日……五五六
28 伯都讷旗务承办处为给过看守监犯兵丁等置买灯油银两数目事呈吉林全省旗务处文
宣统二年八月十二日……五六三
29 伯都讷旗务承办处为报送公仓谷石动存数目事呈吉林全省旗务处文
宣统二年八月十二日……五七二
30 伯都讷旗务承办处为报送公仓粜谷银两数目事呈吉林全省旗务处文
宣统二年八月十二日……六一七

31 伯都讷旗务承办处为报送已故官兵之妻孀妇等应领半饷银两数目清册事呈吉林全省旗务处文
宣统二年八月二十八日……六二九
32 伯都讷旗务承办处为报送八旗官兵应领白事赏银及已故官兵花名事呈吉林全省旗务处文
宣统二年八月二十八日……六八五
33 伯都讷旗务承办处为报送应领次年俸饷官兵旗佐花名满汉清册事呈吉林全省旗务处文
宣统二年八月二十八日……七二二
34 伯都讷旗务承办处为新放官员应领俸银由部请领事呈吉林全省旗务处文
宣统二年八月二十八日……八一七
35 伯都讷旗务承办处为报送请领俸饷各项清册事呈吉林全省旗务处文
宣统二年八月二十八日……八三九
36 伯都讷旗务承办处为报送大小官员出身满汉履历清册事呈吉林全省旗务处文
宣统二年九月五日……八七一
37 伯都讷旗务承办处为请旌表银两报送守节孀妇等旗佐姓氏清册事呈吉林全省旗务处文
宣统二年九月八日……八八二

38 伯都讷旗务承办处为一年内无接收发遣人犯事呈东三省总督吉林巡抚文
宣统二年十月二日……九一五
39 伯都讷旗务承办处为年终申报无安置人犯事呈东三省总督吉林巡抚文
宣统二年十月二日……九二二
40 伯都讷旗务承办处为年终申报无安置人犯事呈东三省总督吉林巡抚文
宣统二年十月二日……九三〇
41 伯都讷旗务承办处为年终造册申报官兵数目事呈东三省总督吉林巡抚文
宣统二年十月二日……九三八
42 伯都讷旗务承办处为报送因公差出署理旗佐官员衔名清册事呈吉林全省旗务处文
宣统二年十月十八日……九六四
43 伯都讷旗务承办处为年终造册申报兵等旗佐花名事呈东三省总督吉林巡抚文
宣统二年十一月一日……九七六
44 伯都讷旗务承办处为年终申报兵丁内无脱逃事呈东三省总督吉林巡抚文
宣统二年十一月三日……九八四
45 伯都讷旗务承办处为望祭长白山需用活兔事呈吉林全省旗务处文
宣统三年一月十五日……九九二
46 伯都讷旗务承办处为云骑尉常山病故事呈吉林全省旗务处文
宣统三年二月十一日……九九九

47 伯都讷旗务承办处为云骑尉德胜病故事呈吉林全省旗务处文
宣统三年二月十三日……一〇〇七
48 伯都讷旗务承办处为休致防御永庆病故事呈吉林全省旗务处文
宣统三年二月十五日……一〇一五
49 伯都讷旗务承办处为造册报送大小官员出身满汉履历事呈吉林全省旗务处文
宣统三年三月十六日……一〇二三
50 伯都讷临时旗务筹备分处为因隆冬难挖立堆请缓明年春融再行派员会勘办理事呈伯都讷旗务承办处文
宣统三年十月二十一日……一〇三三
51 伯都讷右翼协领为移请支借钱文以资接济事呈伯都讷旗务承办处文
宣统三年十月二十九日……一〇五二
52 伯都讷旗务承办处为造册报送已故官兵之妻孀妇等应领半饷银两事呈吉林全省旗务处文
宣统三年十一月一日……一〇五九
53 伯都讷旗务承办处为报送春秋两季应领俸饷官兵名册事呈吉林全省旗务处文
宣统三年十一月一日……一〇七九
54 伯都讷旗务承办处为年终申报兵丁内无脱逃事呈东三省总督吉林巡抚文
宣统三年十一月十六日……一一四九

55 伯都讷左翼协领为严查各旗苛捐白事银两事札四旗七佐领文
宣统三年十一月三十日……一一五八

第三编

56 伯都讷旗务处为奉文催报本年春季官员等出身履历满汉清册事行左右两翼文
宣统二年二月二十四日……一一六七

57 吉林全省旗务处为将宣统元年伯都讷所有补放佐防校等官抄粘咨送事札伯都讷旗务处文
宣统二年三月二十日……一一七四

58 吉林全省旗务处为将秋季官员履历册籍于九月一日前报省事咨伯都讷旗务处文
宣统二年七月十四日……一一八二

59 吉林巡抚为将本年应报兵丁花名造册于十月底前报省事咨伯都讷旗务处文
宣统二年八月三日……一一八八

60 伯都讷旗务处为催报本年秋季官员出身履历册籍事咨左右翼协领文
宣统二年八月十三日……一一九六

61 吉林巡抚为将伯都讷镶白旗佐领蕴祥调补宁古塔镶黄旗佐领一缺事
咨伯都讷旗务处文
宣统二年八月二十一日……一二〇三

62 吉林巡抚为将阿勒楚喀镶白旗防御巴英额转调伯都讷镶黄旗防御事
咨伯都讷旗务处文
宣统二年八月二十一日……一二〇九

63 伯都讷旗务处为报送升降官员并食半饷闲散等已故日期事呈吉林全省旗务处文
宣统二年八月二十八日……一二一五

64 伯都讷旗务处为奉文将镶白旗佐领蕴祥调回原籍宁古塔镶黄旗事咨左翼旗文
宣统二年九月一日……一二二七

65 伯都讷旗务处为奉文调转阿勒楚喀防御巴英额为镶黄旗防御事咨左翼旗文
宣统二年九月一日……一二三四

66 吉林全省旗务处为将本年春季官员等出身履历三月一日前送省事
咨伯都讷旗务处文
宣统三年二月十五日……一二四〇

67 吉林全省旗务处为将调转佐领防御人员恭折具奏事转咨伯都讷旗务处文
宣统三年二月二十九日……一二四六

68 伯都讷旗务处为将调转佐领防御人员恭折具奏事转咨左翼协领文
宣统三年三月十日……一二五四
69 吉林全省旗务处为将本年官员等出身履历造册送省事咨伯都讷旗务处文
宣统三年七月二十二日……一二六二
70 吉林行省为将所管官兵花名清册赶限造报事札伯都讷旗务处文
宣统三年八月八日……一二六九
71 吉林行省为将所属兵丁有无潜逃依限查报事札伯都讷旗务处文
宣统三年八月十二日……一二七七
72 伯都讷旗务处为报送升降官员并食半饷闲散等已故日期事呈吉林全省旗务处文
宣统三年十一月一日……一二八六

第一编

1 伯都讷副都统衙门为发给天主堂承领捕鱼执照事咨天主堂文

光绪三十一年十一月二十二日

為將發給天主堂承
領捕魚網簄執照之
處呈
堂立案備核由

十二月

廿二日

二十二日

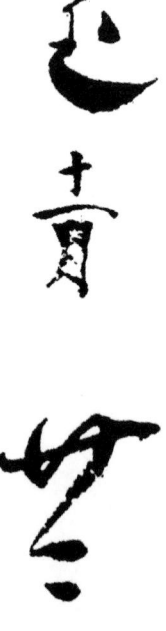

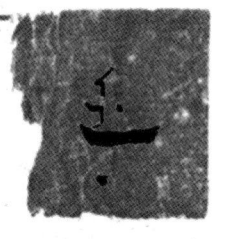

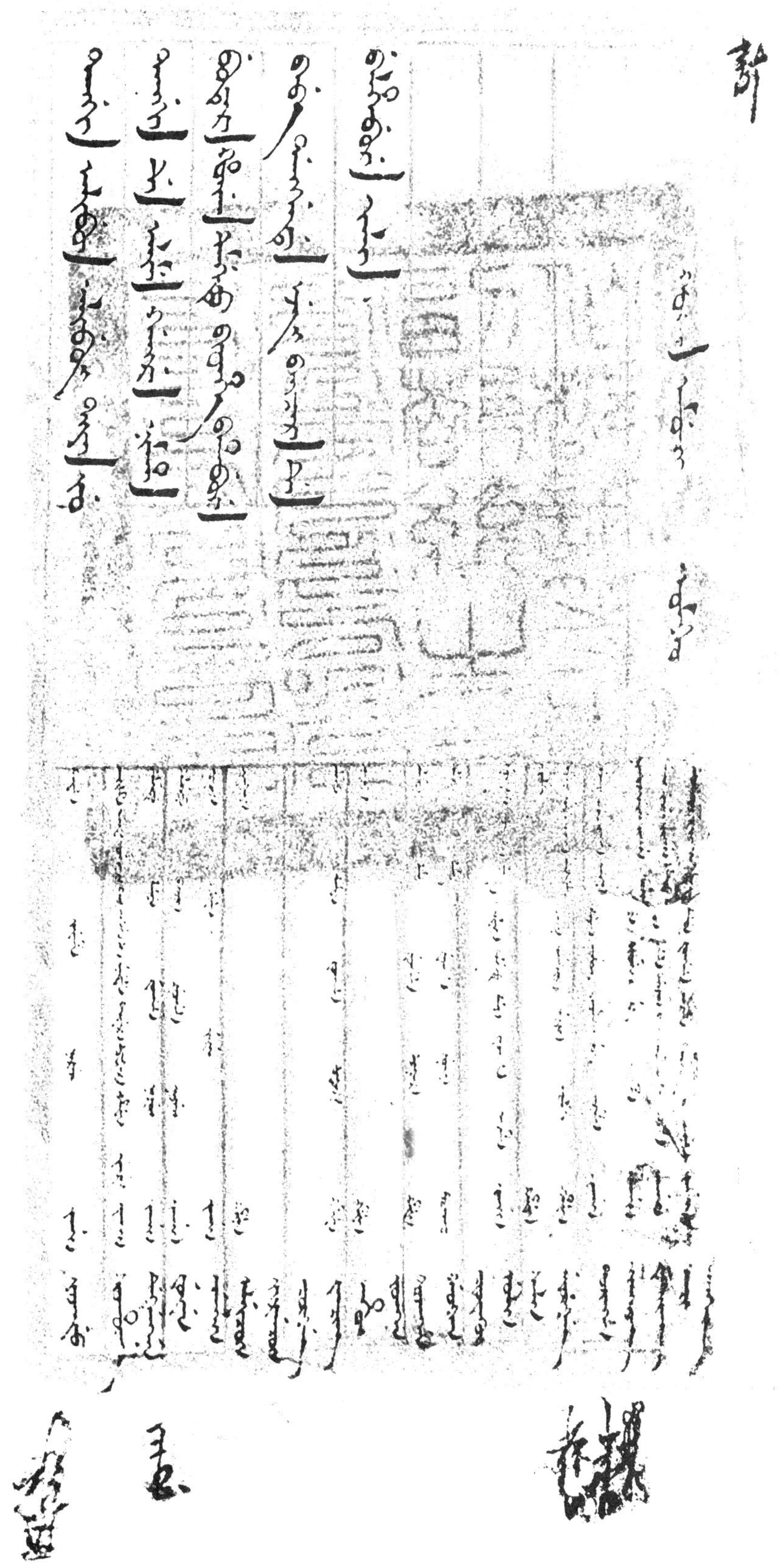

伯都訥副都統衙門

為札飭遵照暨出示曉諭事右

司案呈茲據去歲十月間據廂藍旗佐領全山慶炎等稟

稱北下坎牧場佐近八楞泡子燮陽泡子新泡子頭道河子等

處泡子被佐近旗人訥蘇肯勝保托克通阿杜隆阿等所佔

撓亮打魚懇為貼併本二旗辦公之項等情稟請前來據

此經本司將旗人訥蘇肯等飭傳到案斟詢據伊等供稱

係伊等先人所佔撓亮所得錢文歸併本屯祭神樹祭廟等

項之需等語查此四處泡子仍歸訥蘇肯經獻或歸併該
屯參神樹祭廟之需抑或贈併該廂藍頭二佐辦公暨歸
公辦公職司未敢擅便理合稟明伏乞
批示遵辦施行等情當奉
憲批歸公等諭奉此後查南北兩路網窩界址宜應札交
該管官查明所屬界內江岔泡子有無私行攬亮捕魚情
事等因去後於八月間旋據管理南路網窩界址去之佐領

阿常阿稟稱查得所管界內並無私行攪亮捕魚之處稟明前來又於六月間據管理北路網罟界址去之佐領全山稟稱奉札查得所管界內親自查得江沿所有江岔泡子二十餘處並將打魚之旗民人等姓名繪具圖說一紙一併呈遞等情稟稱前來據此核查佐領全山稟稱江沿泡子前經繪圖呈遞如何核辦亦未指示現有所佔旗人訥蘇肯仍招民佃攪亮八楞泡等處乃旗人訥蘇肯招佃攪亮實

属目無法紀 懇請如何核辦指示遵行當經由司飭派領
催委官英山將另行查傳該私行攬亮捕魚之人傳喚到
案據伊聲稱此等泡子係距本屯相近又係舊有江分山伊之
先人在世時所佔伊攬亮所納錢文皆歸本屯祭神樹祭廟之
需並非入己又訊據佔楚陽泡子旗人博勒忠阿等供稱此頭
道河子歸公並不得知道係先年招民攬亮捕魚屬寔又詢
蘇肯供稱本年六月間將身 並佃民李明業等傳到縣詢

所佔泡子情形亦未斷結李明業仍在淩陽泡子依照先年
撓亮等語核查八楞泡新泡子淩陽泡子頭道河子等處
係屬歸公其餘所有泡子並未歸公任行撓亮事不平
允飭交該管官查據管理網窩界址北路佐領全山查得
北路泡子共二十八處歸於八旗十二佐按年派領催經行收取
租錢貼併該旗辦公其博勒忠阿訥蘇肯等網窩一併歸
公嗣後不准民佃打魚並於各該處設立牌記可否之處未

敢擅便理合稟明伏乞　批示等情當奉
憲批此項網窩歸併八旗十二佐津貼兵丁惟該閑散等已經
捕魚年久分給伊等一成作為屯中公用等諭奉此亟應備
文將佐領全山呈遞泡子名目旗人所招民佃姓名一併抄粘
札飭左右兩翼遵照除將民人趙廷奎納課之常達哩網窩
內有菜園子即場口艾窩窩兜一處歸公外餘二十七處泡
子奉飭歸併八旗十二佐一半津貼兵丁其餘一半貼併原攬亮

子之旗人等捕魚明向傳知各該旗閑散等遵照再該管
網寓之官呈遞地圖之內所載二老爺店王家店等二處
一併飭交八旗東公會議允協分晰外相應備文札飭管
理北路網寓界址之佐領金山遵照可也

道光二十七年十月二十日

粘单

謹將照依道光二十七年檔案查得各旗所佔網窩地名列後

計開

廂黄旗

老仲店　八楞泡子　淮陽泡子　塔子頭泡子

正黄旗

黑老婆亮子　頭道河子　晏家亮子　淺碟子泡子

正白旗

元寶坑泡子　轉心壺

正紅旗

凌吉泡子　全家亮子　高家亮子　大亮子泡　新泡子

妖精泡子　燕窩堡　王八河子　無名泡子

廂白旗

二老爺店　王家店

廂紅旗

口門亮子　沙坨子泡即危泡　扶拉子泡　黑魚通泡子

正藍旗頭佐

大肚子泡子

正藍旗二佐

二道河子泡子

二道河子泡子

廂藍旗二佐

馬場泡子

後門泡子

張七泡子

此二處係廂藍二佐正紅等二旗

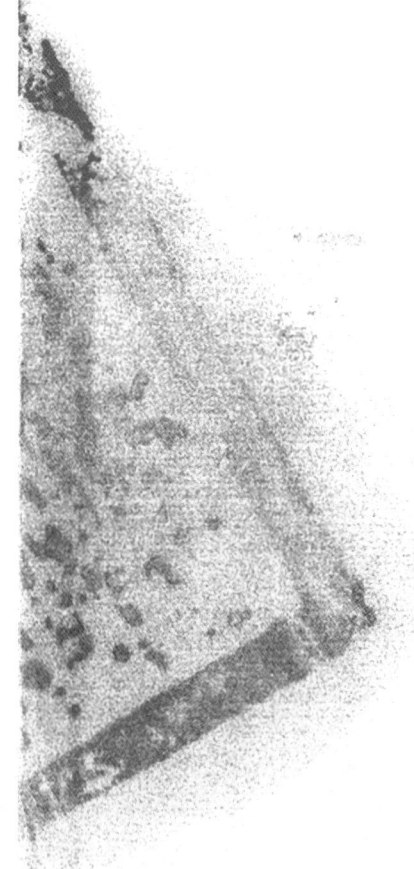

台司　呈

為呈堂立案發給印照事於本年十月二十六日茲據

天主堂呈懇竊緣民人衛永貴先人衛玉琹置買涸

窩五處坐落這城北九十里大江南珠拉齊地方以先叫

大背水現今改叫二道河子內有黑老婆澆子八家子

灘拉㩳西伯灘　辛勒齊灘

河岸柳通四圍在內四至背江南至老牛窩堡東至

霍石口西下哨南至高家凉子北至大江中等處這
衛永貴因手乏不便央煩中人說允情願賣與天主
堂永遠為業作價市銀一仟五百五十兩整其銀當
面交清毫厘不欠惟有衛永貴先人呈領道光二十
六年執照教堂伏思年深日久理應繳舊換新為
此具呈懇祈發照等情呈懇前来核查天主堂呈
懇換給新照按年交納課稅銀二十兩致恐

地界江口四址不清是以飭派雲騎尉恩惠前往查明界址有無轇轕去後旋據該員查明禀覆竊職奉飭往查旗人保林被天主堂呈訴霸佔網窩有無轇轕務期妥為勘明秉公劃界按照該堂所領照載網窩幾處起至里數繪圖禀覆等情遵飭之下隨即帶同該旗管檔領催連忠及青

主魏永青該教堂教民楊百坡等馳抵該
處魏永青楊百坡等指領勘丈綑窩棚通
等處自西南面河大背水上口起至斜向東
南丈量二十七里直抵活水口門下口止業爾齊
灘與活水口門上口毗連其原撥正黃旗黑老
婆流子二處在背河南沿均由背河進水至
河崖為界再原撥正紅旗高家流子在二

道河子西沿進水至東北崖為界大流子在
王八河子下口北沿進水南至河沿北至流
子崖為界該旗與天主堂教民楊百坡等
將界址分清各守各界捕撈惟黑魚通東西
河活水口門三處乃是正課程之內又在丈量
二十七里之數為此界址碍難職未敢擅便
理合繪具草圖一紙一併具寔陳明

伏乞核奪等情查明稟覆前來復查魏永貴所
充網寮界址自大背水上口起至斜向東南二十七里
直至活水口門止惟黒魚通東西河活水口門三處
亦歸天主堂所領網寮界内以便經理按年交納課
税銀二十兩該堂徑行交納不准拖欠外並將所領交
界網寮条通地名四址開載於後為此發給執照持
憑外為此呈

計開

東西二十七里內有柳条蒿蘆以及河道河大背水口改呌二道河子八家子灘拉瑪西伯灘小口門活水口門東西河黑魚通業爾奇灘等八處均在二十七里之內

南至南河岸止南界羅郭流子中界黑老婆流子高家流子大流子等處均由各旗經理不與斯盟干涉

東至活水口西下口王八河子西沿止

西至背江河大背水上口止

北至大江中止

右照仰蘇家窩堡天主堂收執

雲騎尉春　陞　對

光緒三十一年十一月　日

光緒三十一年十一月　日

委筆帖式薩尼揚阿寫

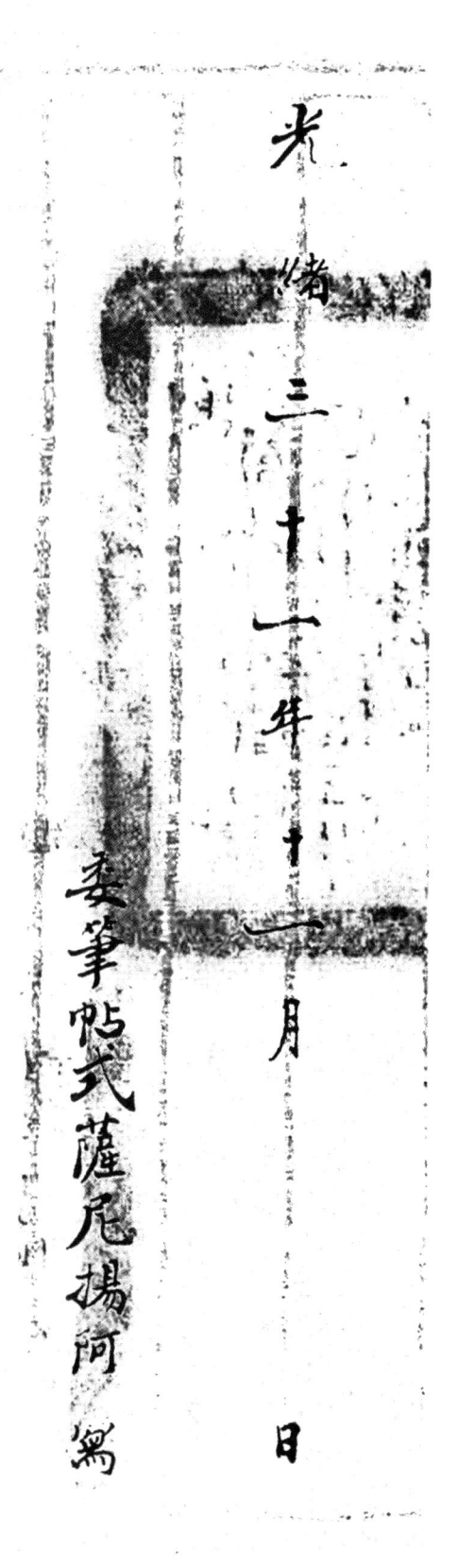

2 伯都讷副都统衙门为报送拣选兵花名清册事呈吉林将军衙门文

光绪三十二年三月十一日

為將挑妥兵等
花名造册咨報
將軍衙門由

三月 十一 日

初十日

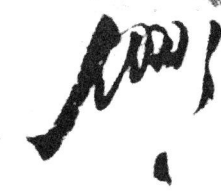

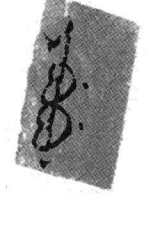

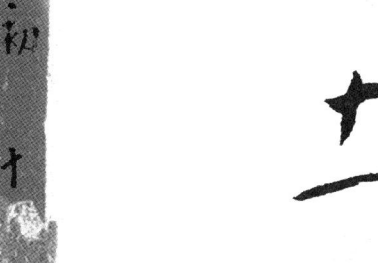

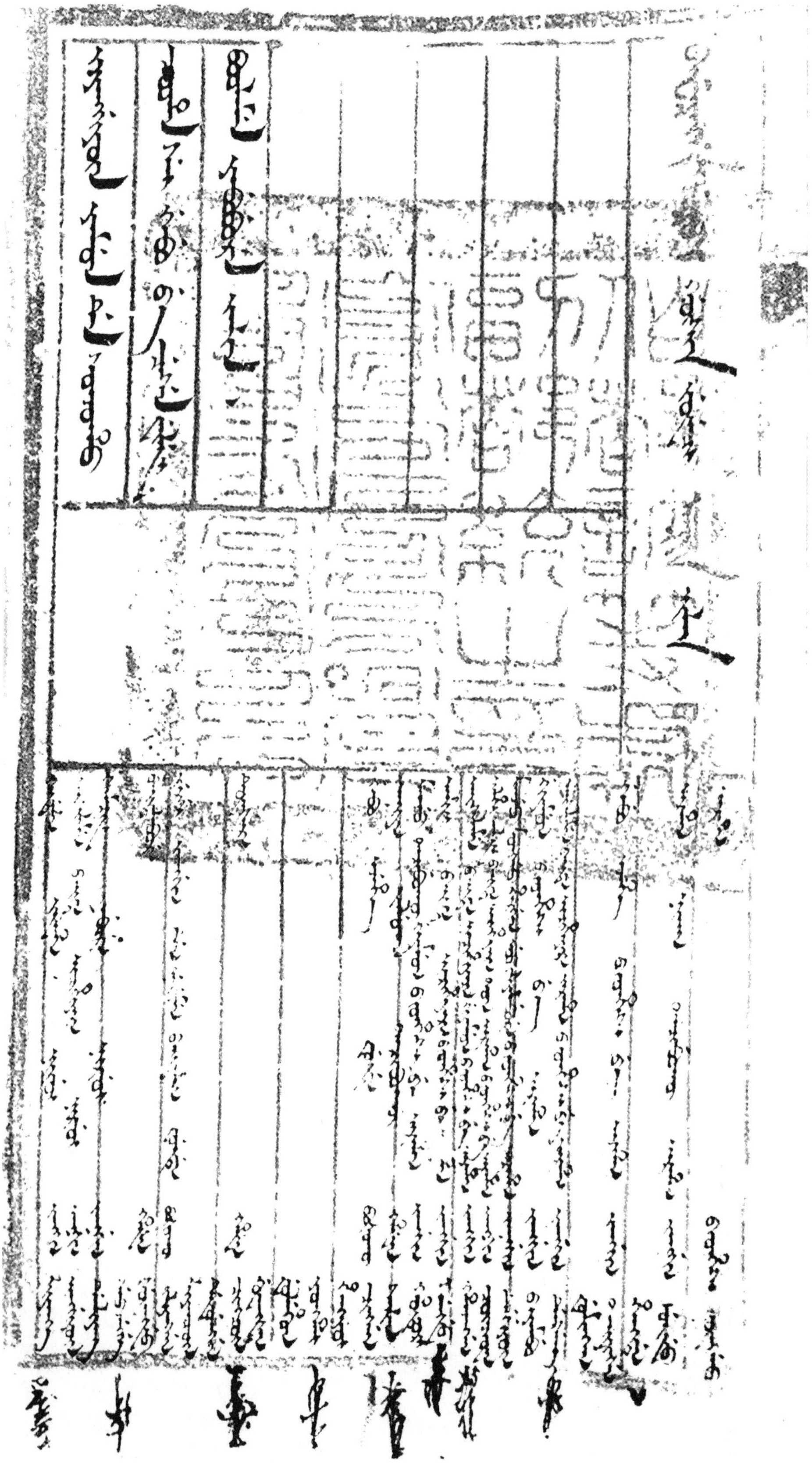

左司呈

為咨送事本年十二月十六日准

將軍衙門咨開兵司案呈案照現擬由通省領催甲兵

内揀挑五千名編練常備軍一協統習新操以作士

氣而符新章業於光緒三十二年十一月十四日恭摺具

奏並分別咨札各處飭

成勁旅所有各城旗應挑額兵數目原按額數多寡

均匀挑送務須各將身体強壯年在十八歲以上三十五歲以下為合格挑選齊楚造册派員壓帶送省以備挑選歸營操練倘以老弱傷殘充数定以該管各官是問相應抄单呈請咨行伯都副都統衙門查照指調額兵数目務於三月十五日以前一律備文造册派員壓帶送省毋稍遲延可也計粘单内載伯都擬挑額兵四百八十名浮備兵数名等因准此詳度此次用軍乃係

奬勵旗僕各有富強之道隨飭各旗協佐務遵省文總以年力精強合格者為準妥速挑齊以便覆驗送省等情去後日久未據挑齊隨屡飭催仍不敷數復加嚴催始據兩翼協領同各旗佐領將傳到之兵數送由左司造冊呈遞前來當經本副都統親加閱驗尚屬不足滿擬再傳通旗兵內除在衙署倉庫四門堆撥及察街並挑吉新軍捕盜之外所剩者寔難挑齊如再飭傳不但多延時日猶恐遲悞省定限期

是以由已經傳到兵内揀其堪送者挑妥四百名飭交現經

挑送備選之佐領永福壓帶頭班六旗官兵謹於本月十

一日先行啟程佐領英俊壓帶二班六旗官兵閒日啓行趕

限到省候選除已札飭佐領永福英俊及挑送各官等將

壓帶晋省之兵在於道路妥為彈壓不准走前落後

亦不得滋事惟兵致數百而沿途店坊無多恐悞軍程除

自代食粮照舊札飭杜哩至金珠等站先期妥備餞宿房

屋以利遄行至此次挑送之官兵應需口粮川資如何籌墊
嚴飭該管協佐同右司商備其未足之兵等可否免送抑
或仍令挑足隨文咨請指示以便飭旗遵行外合將先已
挑妥兵等旗佐花名年歲復造清册一本附封咨送之
處相應備文飛行咨報
將軍衙門鑒核施行
計咨送

清册一本

右

咨

將軍衙門

将軍衙門

光緒三十二年三月　日

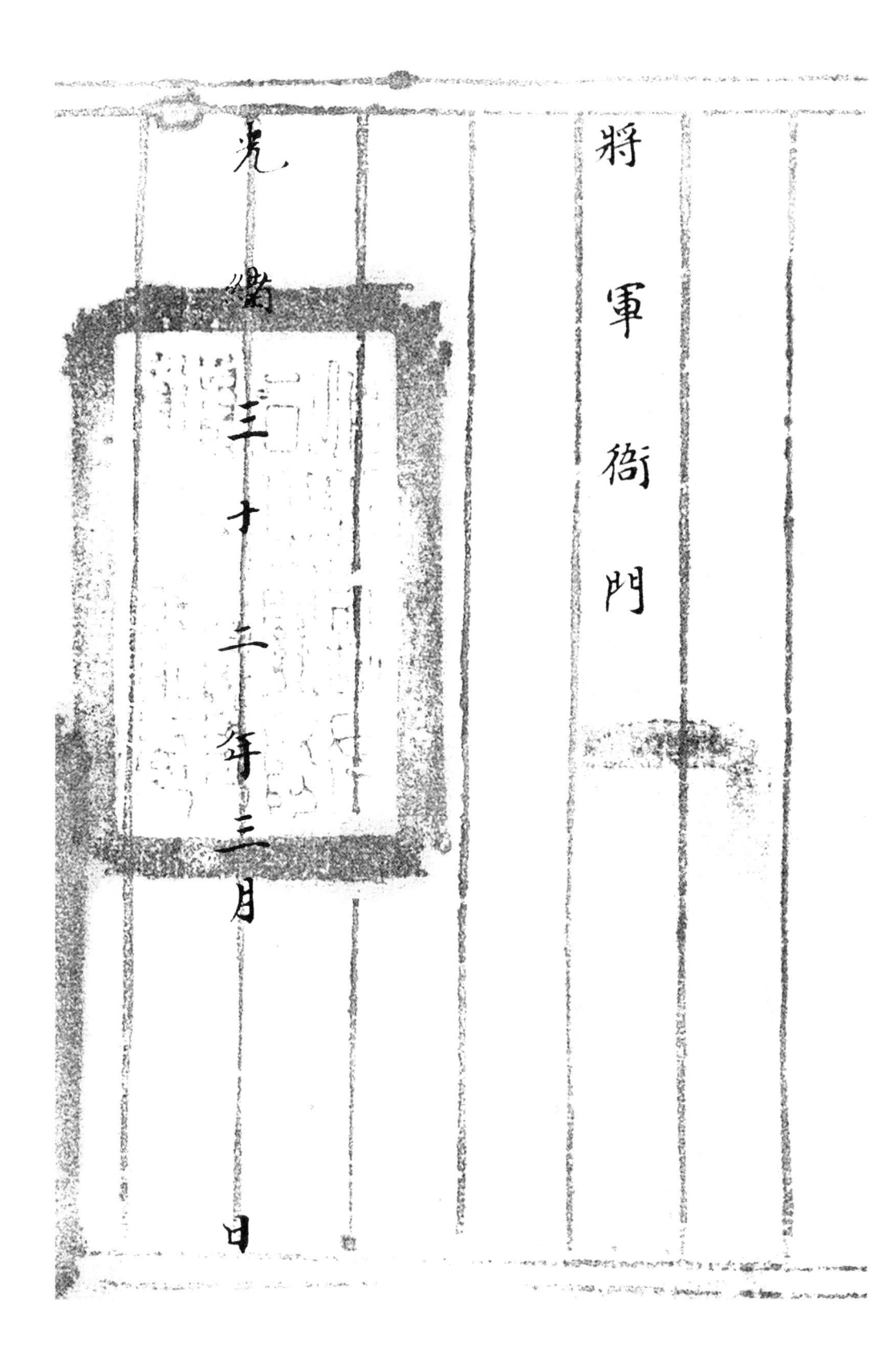

冊底

謹將伯都地方挑送常備軍之兵等旗佐花名年歲

造送冊籍事

計開

廂黃旗富文佐領下

領催委筆帖式滿林 昨十日撤委

披甲六品頂戴根忠阿 昨十月初七日逃、

披

保連（四）于十月初一日出、

甲五十六于十一月廿七日病故

全陞于十一月出冊無

成勝于撤

德慶于三月初四日出、

富增阿于撤

富山于三月初四日出

富興 廠六月逃

貴德 咲撤

喜榮阿 昨十一月初一日撤

恩魁 昨十一月初七日逃 昨十一月十三日又逃

德林逃 昨十一月初七日逃著 又逃回 十六日逃

秋成 昨十一月初七日逃 送者 十一月十四日撤革

圖木魯收十病故

、富和 叙函、

瑞海 人非十撤革

富順 人非寄函、

德成 分收九月到

富春 函十月初七日到函、

永和 人非函

連陞 收十二月初四日撤

和春　作三朔缺挑兵

果瑞　作撤

富陞　作缺

富喜　作撤

德貴　作撤因病乞養退回

明春　作撤

喜榮阿　作撤

永成 咔十一月習撒 [illegible]

富魁年三十五歲

全魁年二十六歲

德山 咔十一月習撒

春海 咔撒

保付年二十七歲

勝玉年二十歲

人

富祥 作四月出冊無

常有 病十月出[redacted]

喜隆阿 病六月出冊無

正黄旗貴順佐領下

前鋒七品頂戴豐隆阿 年二十七歲

披甲金瑞 五月出 十月追看又出

烏精阿 年三十一歲

增玉年三十三歲

富春年三十四歲

順福年二十四歲

永陞 外初四日奉文撤換回

連春 业撤

海成 [illegible]月[illegible]十月[illegible]奉文逐

富隆阿

海全

瑞亮 昨撤

恩凌 昨年逝

瑞符 二月逝十月[illegible]着又逝

根陞 昨撤

紫祥 昨十二月二十七日逝

烏喜 八月故

勝全 此七月出

胡松阿 此撤

祥安 此撤

連春 此撤

永林年三十九歲

富明阿 十月進 十二月出

根福 六月革 十月進營

增魁 五月逃

勝林 年三十八歲

恩慶 五月逃十月還五月又逃 [illegible]

僂貴 年十八歲

永海 年二十七歲

西崇阿 五月逃十月還五月又逃

圖木魯 一件 撤

正白旗德勝阿佐領下

領催六品頂戴委筆帖式錫福年三十九歲

披甲雙全年三十歲

德興阿 有[illegible]撥

富祥 [illegible]月逃

慶林年二十六歲

明全 明底撥 [illegible]

成有年二十六歲

海春六月西月之痛

洪阿咔搬

海

全有年三十五歲

貴春年二十三歲

海明咔四月逃

永瑞咔二月逃

英麐 十二月巡十二月陞者

成有 四月當差十五歲

慶福 病 二月巡

獲有 十二月撤

恆瑞

喜常阿 十二月初九日撤 十一月巡差者

富亮 四初月撤回

富有育如是看有逢看

貴陞撤步佈力

魁陞

廣瑞年二十二歲

永慶

保林年三十五歲

和豐阿年二十八歲

恩瑞年二十三歲

雙瑞年二十七歲

富明年二十六歲

恒全年十九歲

富有年十九歲

勝貴年二十一歲

富山 育撫

慶福年三十一歲

同旗蒙古色普徵額佐領下

領催六品頂戴依陞阿年二十四歲

領催七品頂戴魁福

披甲吉勒剛阿 六月報革

恒貴年二十九歲

福海

自達爾

雙亮 青 十月[illegible] 一庄

永陞

成海

吉勒明阿 青撒[illegible]

依伯格勒圖 青[illegible]

成順 收 十月[illegible]

武保

常有

永慶年二十二歲

雙海年

圖清阿

魁祿年二十五歲

福順

常山

明順

恒山

慶山

和山 六月逃

德順 五月逃 十月投首

成壽 五月逃 十月投首

同旗蒙古英俊佐領下

領催五品頂戴文魁

領催六品頂戴委筆帖式蘇倫佈

披甲金保 年二十四歲

富有[illegible]

披甲六品頂戴富陞 年三十三歲

披甲阿永阿

喜春

高祥 六月缴回

海福 六月逃 有[illegible]

永慶 七月逃 十月[illegible]者 又逃

喜貴 年二十七歲

魁祿 年二十七歲

和福

德永

德春 十月出

富仲阿年三十五歲

海亮 十月撥甲服孝 十一月出十一月還原又撥

海全 仝

富貴 十月撥甲

春海 十月出十一月還原

慶吉 任

多爾吉
杜清阿年二十歲
常海 [illegible]
富祥年二十二歲
富林
武嫩佈彥
正紅旗和連佐領下

領催七品頂戴文和

前鋒七品頂戴保順 撥回 非

披甲常順

玉陞年三十七歲

富貴

杜隆阿

永亮

連陞阿 十月廢 川二 、

成貴

根喜 川 十六月逃十一月。

德春 十月廢 川二 、

常勝 川二 五月逃 、

保陞

富成阿 十二月十八日逃

富精阿 冲 二十二歲

阿勒松阿 非 十一月出 十月送补

保貴 五月出 十月补 十二月十八日撤回 庚二 非

玉山 派 四月出

明山

金貴

富昌阿 十一月出

巴克桑阿 又名 六月逃 十月送旗 、

海昌阿 作逃 、

景祥 七月撤 作 、

巴隆阿 六月 [illegible] 口殁

德貴 七月撤 作 、

恩和 冬月廿二日逃

金春 六月逃 [illegible]

成壽 年二十歲

富春 年三十四歲

勝海 年二十五歲

成亮 [illegible]

法富凌阿 六月[illegible]

巴爾精阿 [illegible]二月[illegible]

淩貴 六月[illegible]

春陞 正月初八出

富玉 年振 [illegible]

喜祿 [illegible]

永喜

順壽年二十四歲

廂白旗永福佐領下

領催七品頂戴倭克精額 初八月 [illegible]

前鋒七品頂戴根 福

披 甲常 魁年二十六歲

永 順 作正月十七逃

富 林

恩 凌 十一月逃 十二月十三獲 作

成 海 十一月撤

勝 羣

春德

保祥 十一月缴

和祥〃

春陞 十一月十二日出

雙喜 十一月 [illegible] 十月

海春 正月出

富興佈 十月二十六日出

德春

文貴 肯達[illegible]

成[illegible]

富全

文祥

連順 [illegible]

富慶

永成 收二月逃、

德喜年三十六歲

根發 所二和月營門、

全喜 收一月逃、

雙喜 收叁月逃 十月逃 奇山衙

占鎖 收正月十七八逃

常林

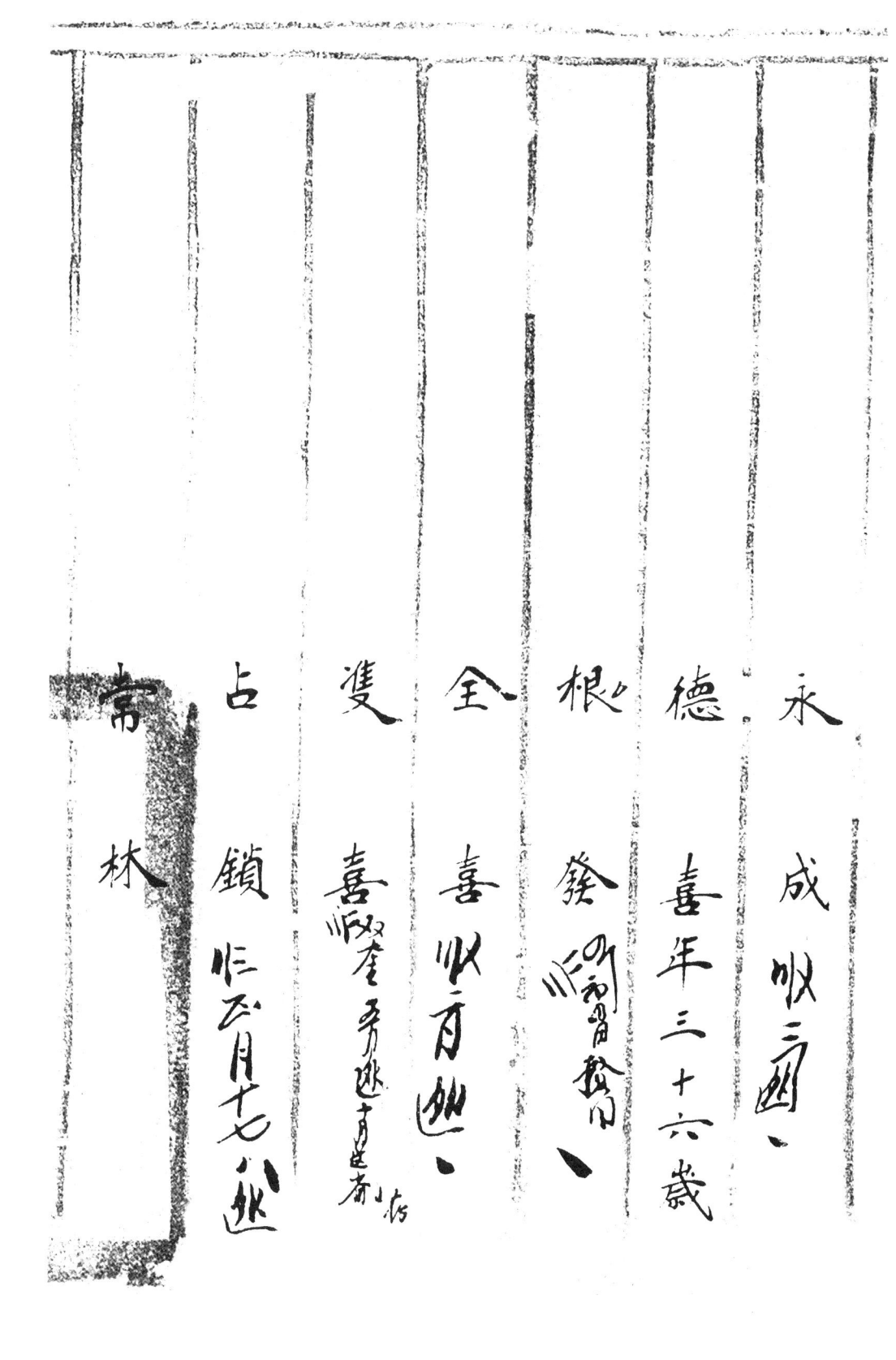

廂紅旗德亮佐領下

領催七品頂戴隻和 收六月巡、

凌貴 收迴、

披甲富春 作六月巡、

富凌阿

成貴 收迴、

德慶

富成 八月逃、

倭克精額年十八歲

海陞

烏俊 八月逃、

德明阿 八月逃、

富林

幹柱 九月逃十月送看、

占柱

恒貴 故八月、

富祥

保陞

德慶阿

春有 八月退、

富奎

萬慶 收有巡、

富春

小骨 撤回、

根有

吉瑞 七月卅來文十月十三看

正藍旗雙喜佐領下

領催六品頂戴全德 撤回、

喜符

披甲永海八月撤

常陞八月撤、

順和同双和八月撤、

全陞收五月逃、

富凌阿

慶貴

喜魁

全祿 六月逃

富山

根喜 六月逃 十月送看青苗

富林 六月逃

全福

德貴

根顺 八月出即顶补

成顺 九月出缺

福星

福有 八月出缺

春喜 八月故

永春 五月退

穆章阿

福瑞

淩祥 七月逃十月送回

穆陞阿 四月十五逃十月送回

海順

富貴 八月逃

保利 七月逃

永陞

慶瑞

貴亮有撤、

百順有撤、

魁玉有撤、

恩祥

永海川撤

全永

根　陛

全　恩

富　貴年二十六歲

正藍旗松齡佐領下

領催五品頂戴春　陞　揀回

前鋒五品頂戴富克精阿

披甲七品頂戴德　福

披甲祥順年三十六歲

披甲七品頂戴富德 收七月迯

披 甲常有

魁亮

成海 川迯

德玉 川撤

烏勒洪額 川迯

富順 非撤

德祥

富祥 非逃

永祥 非逃

祥海

喜祥

常慶 非逃

勝瑞作逃

慶順作逃

海陞

根春

德隆阿

成安作又[illegible]月逃

德慶病撤

勝魁、非懒、

喜德、

喜来非幽、

恩祥非幽、

增陞十月笑、幽、

德永阿

根祿

永瑞

貴陞阿

永山　此又冐逃

丁順、此冐逃、

滿陞　此十二月逃

明祥

烏祥　此逃、

崇、慶仟撤、

根有

廂藍旗連科佐領下

領催七品頂戴慶魁仟撤、

前鋒七品頂戴喜陞阿四月護回、

披甲穆成阿四月[illegible]百病故

德玉撤

文　　禄　繳照無文書

達忠阿〃作照、

勝　　山〃作有十岁照、

永　　昌〃作有廿三年

亞 門 非巡

恒壽

保榮 非撤

保順 非巡 邏者又巡、

慶昌 非六月巡

春陞 非革

烏精阿 非巡

勝貴 非青月巡

春山 哌有刀青與、
德林 咋撒 七歲
永山〃迎
海成 阿〃咋他
富和 咋撒
永德
榮貴 年二十六歲

依凌阿 操回

喜凌阿 初逃收差甫

根羣

雙慶 初逃

恒祥 初逃二次

保有 初逃

三元〃初六月逃

桂權 旺四月叢

〻德福 業有逃士青遂省

〻保祥

〻石成

榮陞 撤回之華

〻保德

廂藍旗常佐領下

領催七品頂戴翎英此冬月巡

前鋒七品頂戴九德

六品頂戴披甲德喜此巡

翎玉此冬月巡

披甲德貴

永順

西永永年三十八歲

德永〃北十二月廿一逃

依陞阿北四月逃

穆成阿

奇順北徼

巴揚阿年二十六歲

慶福

德有北徼

托克托佈

富春

常利

德玉

西成阿 作七月逃

常喜年二十四歲

富有 作逃

壽春

富有[illegible]撤

永春

平安

恩順[illegible]

常和

保林

一成福

一富全

一成林　此处

乌凌阿　此处十月

魁成　年二十一岁　二月二十二革

春喜　此缺

以上共挑领催十五名前锋六名甲

兵三百七十九名統計四百名理合登明

3 伯都讷副都统衙门为派员将常备军逃回之兵送营事咨吉林常备军二标统带文

光绪三十二年十月八日

為將由常備軍潛田之兵
等派員送營之處咨會
備充營田

十月

初六

日

八

日

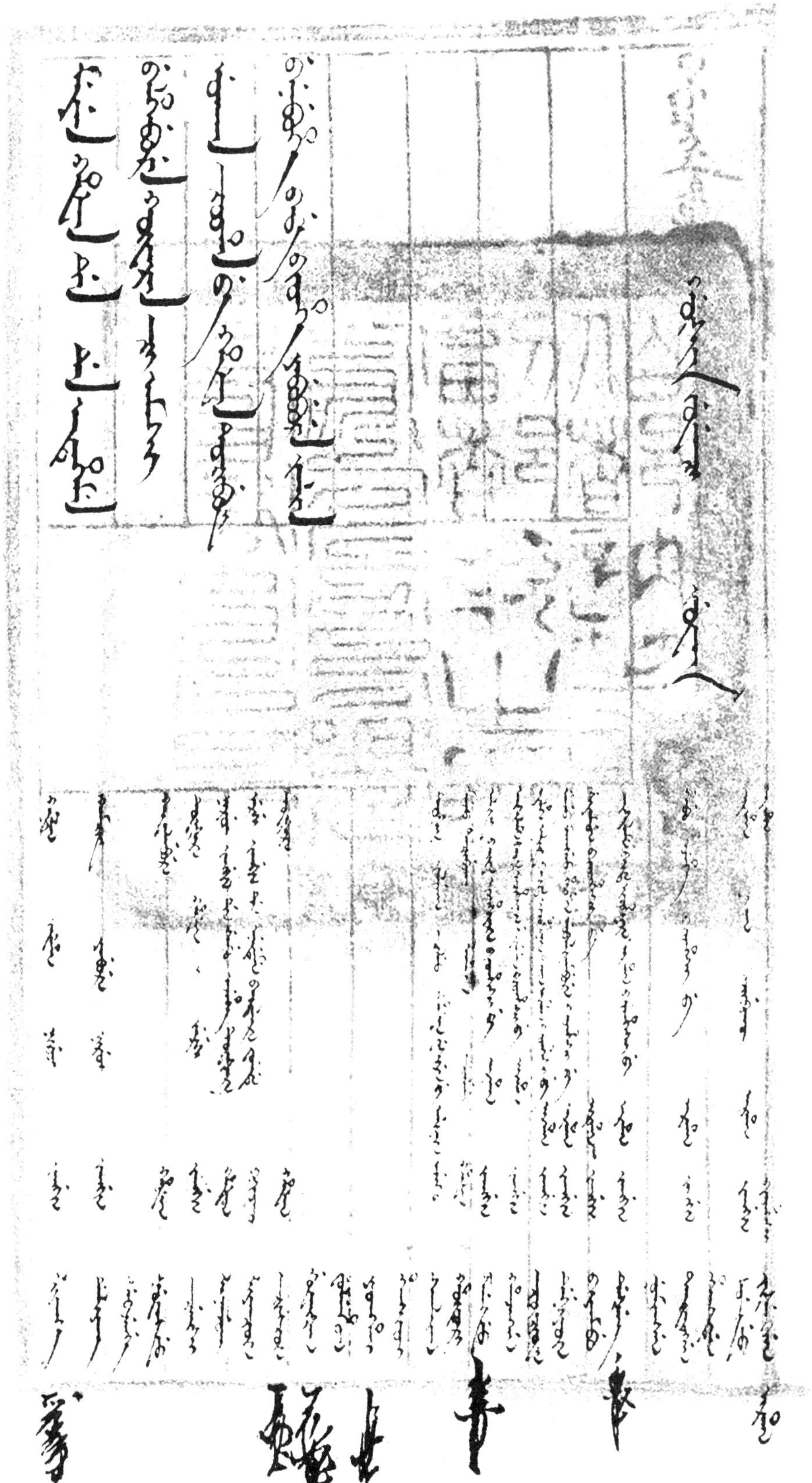

左司呈

為咨送事光緒三十二年九月十四日准
兼署吉林常備軍第二標統帶官德咨呈內開據
敉標二營管帶官訥穆音呈稱據職營前隊隊官
酉良阿聲稱於本月初九日黎明點名時知有職隊二
排三棚副目係伯都廂紅旗德亮佐領下披甲勝全
因寅夜乘隙潛逃理合具文呈報鑒核施行等情前

來查敉標之兵自成營後紛紛乘隙潛逃實係無
所底止暨前次陸續潛逃者猶有百七名若不揀員一
並往拏將何以戒效尤茲揀派該營排長榮陞帶兵
前往查拏如該員抵境時懇祈
憲台轉飭各旗該管官幫同協緝如該管官倘有
瞻徇等弊不但以該管官是問定將各該兵家屬
解省究懲理合粘抄備文咨呈查照轉飭施行等因

前來咨查敝處挑送常備軍之兵報逃嚴緝者數名此次來文百餘之多隨奉
副憲諭為諭仰遵照事照得本副都統行轅馳抵烏拉地方據常備軍署標統帶德呈請查拏逃兵各情經該標排長榮陞賫文前來仍飭該排長持文逕行赴城查拏合亟諭仰兵司遵照火速轉知各旗務將逃兵按名傳拏勿稍瞻徇如拏獲多名即

由該司派兵幫同該排長護送免致疏虞等因遵此
當即札飭各旗照單幫同協緝不准瞻徇等情
去後今據廂黃等旗報稱遵飭協緝傳到潛回
之兵現有六十一名飭派驍騎校順德幫同護送其未
獲之兵趕緊拏齊隨後送營等情除由左司將兵
名冊札飭排長榮陞將拏到兵等先行帶營於
本月初六日起程外合將該兵等旗佐三代花名年

歲盔一分晰造具清册一本附封倫文咨會為此合咨

貴吉林常倫軍二標統帶德查照可也

右　咨

會

吉林常備軍二標統帶德

光緒三十二年十月　日

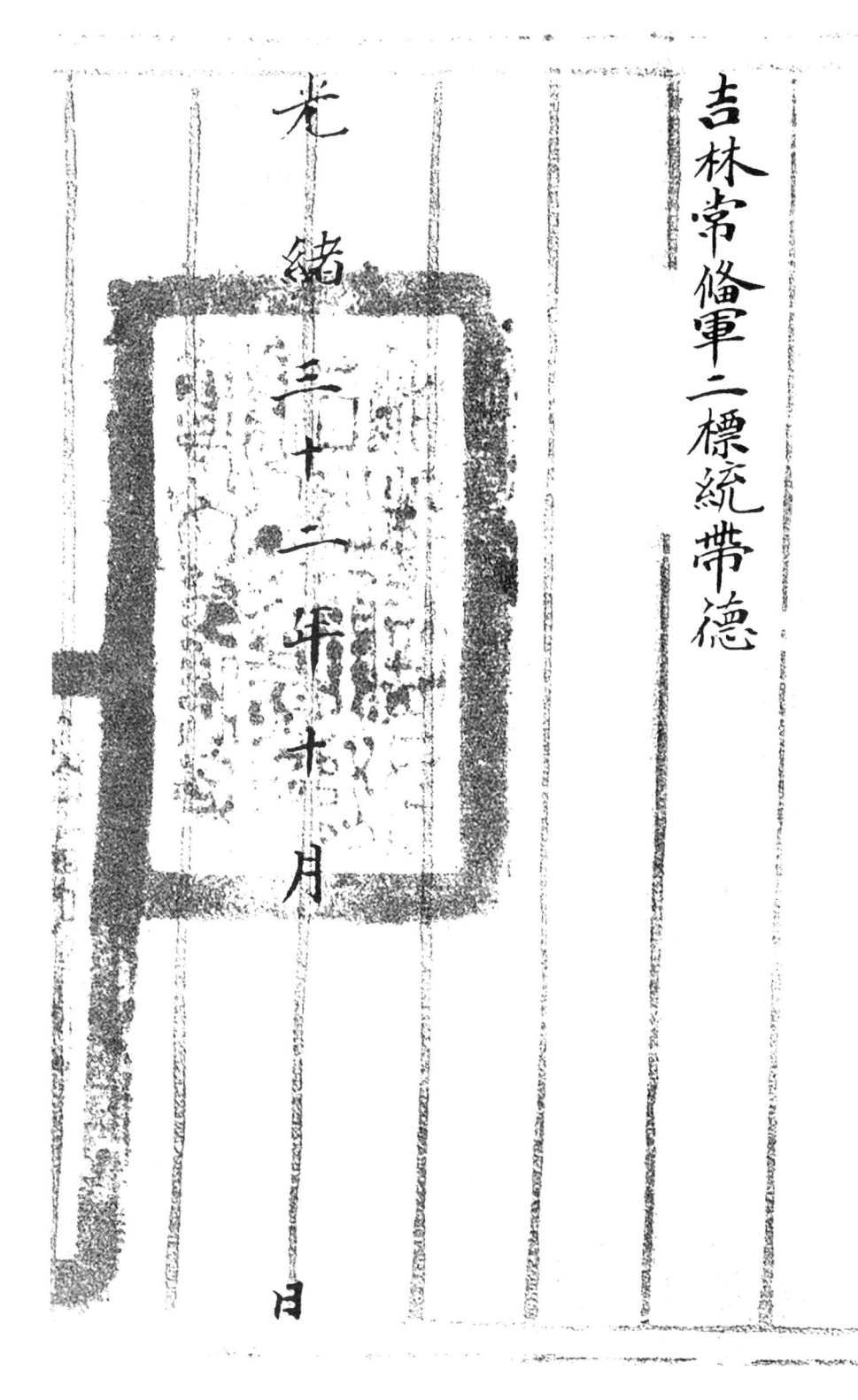

冊底

謹將拏到帶營之由常帶修軍潛回兵等旗佐

三代花名年歲逐一分晰造送冊籍事

計開

厢黄旗富文佐領下

披甲德林年二十七歲 父貴祥係閑散 歿 祖父來保係閑散 歿

秋成年二十六歲 父常慶係閑散 祖父進安係閑散 歿

正黃旗貴順佐領下

披甲金瑞年三十三歲 父增祿係閑散 祖父喜常阿係閑散

勝山年二十三歲 父庫吉勒係閑散 祖父特克清額係閑散

根福年三十二歲 父常喜係閑散 祖父佛勒蒿春係閑散

恩祥年二十一歲 父富順係雲騎尉 祖父金和係前鋒

喜榮阿年十九歲 父成福係閑散 祖父常德係閑散

海成年三十一歲 父金亮係閑散 祖父薩凌阿係閑散

瑞福年三十三歲　父喜順係閑散　祖父鉄海係閑散

正白旗德勝阿佐領下

甲明全年二十八歲　父永順係閑散　祖父常凌保係閑散

披

喜常阿年三十二歲　父春陞係食半餉閑散　祖父賽禄係披甲

富有年三十六歲　父魁亮係閑散　祖父平保係領催

海春年二十八歲　父富珠隆阿係披甲　祖父克興額係閑散

英慶年二十五歲　父喜春係披甲　祖父扎勒豐阿係驍騎校

祥瑞年十八歲 父小根係閑散 祖父全祿係水手

正白旗蒙古色普徵額佐領下

披甲永慶年二十三歲 父格木烏貴 祖父張子

德順年二十歲 父蒙克巴圖 祖父琿喜

雙亮年二十三歲 父卓凌阿 祖父阿揚阿

成壽年二十三歲 父蒙克巴圖 祖父阿勒吉山

同旗蒙古英俊佐領下

披甲

永慶年二十四歲 父阿克敦係披甲 祖父春壽係披甲

永順年二十二歲 父阿木勒們都係閑散 祖父額楞額係閑散

春海年二十五歲 父凌德係閑散 祖父崔和係閑散

常海年十九歲 父阿敏佈可係閑散 祖父甘保係閑散

海亮年二十四歲 父平德係閑散 祖父托諾係閑散

海福年十七歲 父平福係閑散 祖父托諾係閑散

正紅旗和連佐領下

披甲

玉陞年三十七歲 父德順係披甲 祖父烏凌阿係閑散

巴隆阿年三十四歲 父勝林係閑散 祖父英順係閑散

巴克桑阿年二十七歲 父勝林係閑散 祖父英順係閑散

根喜年二十歲 父富順係閑散 祖父明寶係閑散

法富凌阿年三十五歲 父德慶係披甲 祖父薩凌阿係閑散

阿勒松阿年二十八歲 父勝福係閑散 祖父常德係閑散

喜祿年二十歲 父胡圖禮係閑散 祖父和林係食半餉

保貴年二十歲 父 連春係閑散
祖父 六成係閑散

廂白旗永福佐領下

披甲恩齡年二十二歲 父 阿勒松阿係水手殁
祖父 凌祥係披甲殁

雙魁年二十二歲 父 春福係西丹慶
祖父 楞德係閑散殁

雙喜年三十二歲 父 金壽食半餉慶
祖父 富克精阿係閑散殁

廂紅旗德亮佐領下

披甲廷桂年二十二歲 父 連陞係閑散殁
祖父 金山係閑散殁

吉端年十七歲 父 鎖柱係閒散
祖父連喜係閒散歿

正藍旗雙喜佐領下

披甲

凌祥年三十歲 父 蘇成係披甲
祖父滿昌係閒散

根喜年三十六歲 父 滿昌係閒散
祖父依林保係披甲

穆騰阿年二十一歲 父 德順雲騎尉
祖父巴揚阿係披甲

德勝年三十四歲 父 全來係閒散
祖父六十四係閒散

正藍旗松齡佐領下

披甲

成海年二十九歲 父滿陞係閑散 祖父富林係披甲

喜來年二十一歲 父德順係閑散 祖父根陞係閑散

烏祥年十九歲 父永亮係閑散 祖父色克通阿係閑散

慶順年二十歲 父巴揚阿係披甲 祖父常山係閑散

富祥年三十三歲 父滿春係閑散 祖父勝林係領催

常和年二十六歲 父全喜係雲騎尉 祖父魁永係閑散

永祥年二十一歲 父勝順係水手 祖父喜全係水手

增陞年二十一歲 父祥春係閑散 祖父慶壽係閑散

廂藍旗連科佐領下

披甲喜凌阿年二十二歲 父德祥係西丹 祖父明亮係閑散

雙慶年十九歲 父達凌阿係閑散 祖父連成係西丹

德林年二十七歲 父永祥係閑散 祖父莫勒賡額係閑散

恒祥年十八歲 父富珠隆阿係西丹 祖父全壽係閑散

連有年十八歲 父根達係西丹 祖父烏凌阿係閑散

保順年二十二歲 父斐魁係閑散 祖父勝林係閑散

海成阿年十七歲 父祥端係閑散 祖父桂綳阿係閑散

祥祿年二十二歲 父喜順係雲騎尉 祖父鉄剛係披甲

廂藍旗常林佐領下

披甲

成亮年二十七歲 父穆成額係食半餉閑散 祖父蘇昌係閑散

成林年二十歲 父德順係西丹 祖父穆精阿係食半餉閑散

魁成年二十二歲 父德順係西丹 祖父訥松額係閑散

以上共兵六十一名理合登明

4 伯都讷副都统为查复常备军兵人数事札饬左右两翼协领文

光绪三十二年十二月二十四日

為將常備軍兵數
札飭兩翼查覆由

三年十二月廿[illegible]日

奏

二十五

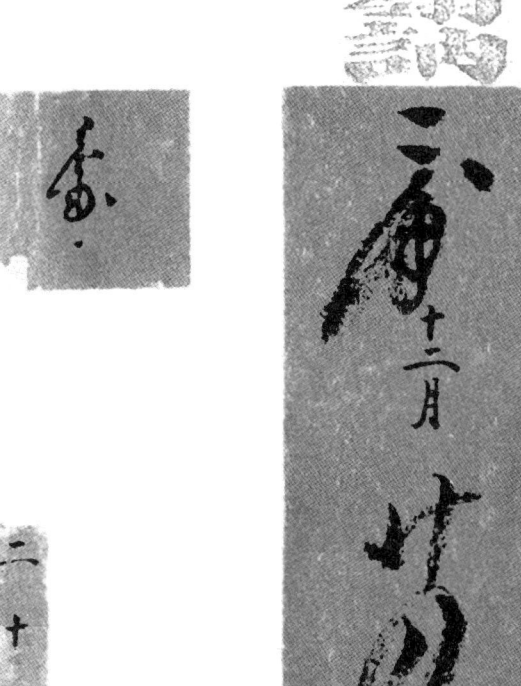

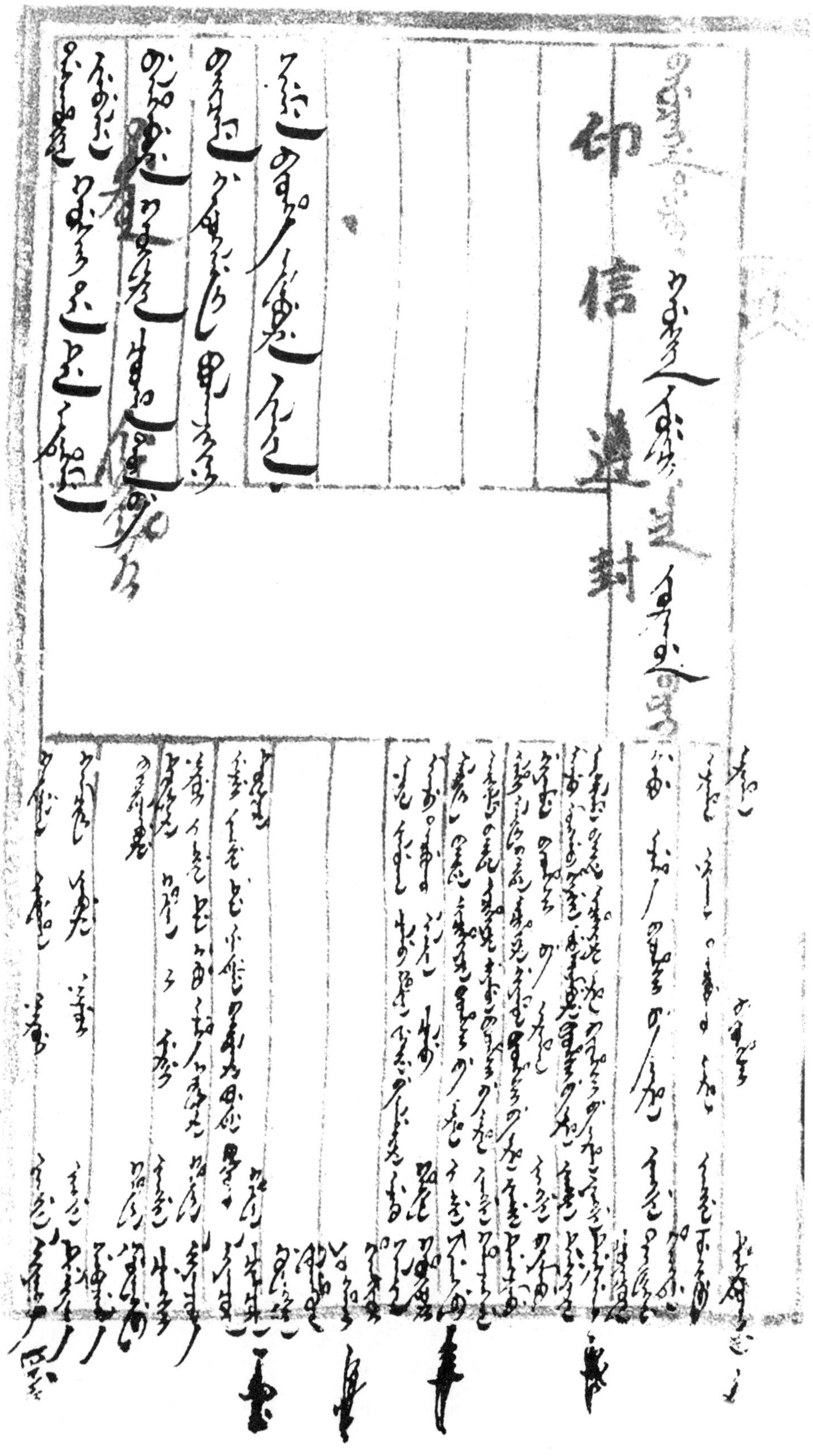
印信
遵
封

左司呈

為札飭查明聲覆事於光緒三十二年十二月十七日准

將軍衙門咨開兵司案呈適奉

憲交據兵備處呈稱查吉省起練常備軍

所有各營正副兵目皆由各旗挑選而來惟

事關起練陸軍其年力稍有不合以及不安

本分嗜好深重者未便稍事遷就當由職處

歷次派員點撤並據各標將歷次革逃各兵
花名造册呈送在案惟查原挑各旗兵丁多
經補有領催披甲各缺現在既經撤革或私
自潛逃原補之缺擬請由營扣留另揀得力
兵丁頂補以示激勸至私自逃逸各兵亦請
分別飭旗嚴緝懲辦除自成營之日起截至
九月底止造具各標兵丁清册遷移兵司

查照飭旗辦理外理合具文呈報
憲台鑒覈施行等因當於光緒三十二年十一
月初七日奉
憲批據呈已悉所有逃逸兵丁仰兵司查照
分飭各旗嚴緝懲辦以儆效尤並移該處知
照等諭奉此除由兵司另文移知兵備處查
照外相應照抄兵備處送到原冊呈請咨行

伯都副都統衙門查照即將逃遁兵丁一體嚴
緝務獲懲辦可也等因准此當查本處前後
挑送常備軍領催十六名前鋒六名甲兵四百
八十名三共五百零二名内除前撥回及潛逃
者不計外第現奉文册内載潛逃甲兵一百零
五名黜撤兵六十三名斥革者六名病故者二名
四項共兵一百七十六名之缺分全行扣留由營揀

補其在常備軍存營領催兵名前鋒兵名甲
兵一百六十七名三共一百七十三名核與原送數目
缺少百餘應由各旗確寔查覆之處合亟照
册抄單札飭左右翼協領轉飭各該旗遵即查
明原送若干內撥回點撤斥革者共若干現在
有無到旗逐細切寔查明聲覆仍將前後潛
逃之兵上緊按名緝拏務須派員送省事關

單情要件勿得踈忽推延切切特札

右札左右翼協領准此

關防通封　雲騎尉永海對

光緒三十二年十二月　日

委筆帖式色克通阿寫

關防通封

粘单

謹將常備軍自成營之日起在營之各旗領
催披甲数目旗佐花名開列於後

計開

吉林常備軍第二標二營

伯都訥厢黄旗富文佐領下披甲富興

金升

富山

德慶

和春

富奎

全魁

勝玉

圖木魯

保符

富和

富祥

喜隆阿

榮有 以上俱是存營披甲十五名

保連

富春

德林

恩全

保林

秋成

根忠阿

以上先後潛逃七名

德勝

連陞

五十六

喜榮阿

永成 以上先後點撤五名

伯都訥正黃旗貴順佐領下前鋒豐隆阿

披甲永林

婁貴

恩祥

榮祥

德崇阿

永海

根符

以上寔存營前鋒一名披甲七名

連春

關防蓋封

瑞亮

胡松阿

圖木魯

長有

連春

祥安

根升以上先後點撤披甲八名

金瑞

富明阿

西棻阿

勝山

金和

海成

瑞福

曾全 以上先後潛逃八名

烏喜 以上披甲一名病故

伯都訥正白旗德勝阿佐領下披甲富明
慶福
廣瑞
慶林
富祥
永瑞
恒瑞

恒全

斐瑞

海洪阿

奎升

貴升

富有

永慶

恩瑞

永楨　以上寔存營披甲十六名

英慶

富有

喜當阿

祥瑞　以上先後潛逃四名

德興阿

雙有

富山 以上斥革披甲三名

伯都訥正紅旗和連佐領下披甲富明阿

烏什阿

關防道封

永慶

成亮

富春

玉山

巴爾精阿

成壽

常陞

春陞

吉山

保利

全有

常順 以上寔存營披甲十四名

金春

阿勒松阿

貴春

奎成

根喜

玉升
喜祿
永成
保貴
巴隆阿
巴克桑阿
法富凌阿

富昌阿 以上先後潛逃披甲十三名
根全
德春
德貴
富玉
景祥
連升阿

伯都訥廂白旗永福佐領下披甲富慶

淒貴
以上先後點撤披甲七名

勝羣

富興佈

全喜

春陞

永順

海春

占鎖

根符

關防護封

長奎

富陞

春德

成羣

常林

永昌

奎祥

永成

德林 以上寔存營披甲十八名

恩凌

雙喜

文貴

雙奎

恩祥以上先後潛逃披甲五名

德成阿

保祥

訥穆錦

富倫佈

成海以上先後點撤披甲五名

伯都訥廂紅旗德亮佐領下披甲金海

領催雙和

恩祺

披甲占柱

富春

成貴

德清阿

萬慶

倭克精額

勝全

金有

海陞

以上定存營領催二名披甲十名

赶柱

常勝

連奎 以上先後潛逃披甲三名

恒貴 以上披甲一名病故

德明阿

春有

富成

烏俊

關防違封

閑防遺封

長山

春山 以上先後點撥披甲六名

伯都訥正藍旗松凌佐領下披甲明祥

德祥

永瑞

慶貴

德隆阿

根祿

富德

長有

喜德

祥海

德永阿

滿陞

丁順 以上寔存營披甲十三名

喜来

增陞

富祥

慶順

成海

烏勒洪阿

烏祥

永祥

勝瑞

長和

德勝

長利

恩祥

常慶以上先後潛進十四名

德玉

德慶

鳳祥

富順

勝奎

德順以上先後點撤披甲六名

伯都訥正藍旗雙喜佐領下披甲長福

關防遵封

貴陞阿

富瑞

全永

海順

富貴

全福

慶瑞

全陞

富山

錫福

富羣

全恩 以上十三名定存營披甲

富林

隻和

永春

全祿

富貴

保利

凌祥

根喜

穆陞阿

吉陞

根喜以上先後潛選披甲十一名

榮慶

喜有

富有

成順

柏順

永海

奎亮

長勝

奎玉

春喜以上先後點撤披甲十名

伯都訥廂藍旗連科佐領下披甲訥蘇肯

柏順

永海

全亮

長勝

奎玉

春喜 以上先後點撤披甲十名

伯都訥廂藍旗連科佐領下披甲訥蘇肯

慶昌

勝貴

関防遺封

石成

保德

崇貴

根羣

永昌

永德
桂權
三元
德福
根有
保有
保祥

勝順 以上寔存營披甲十六名

保順

德林

喜凌阿

恒祥

隻慶

吉瑞

連有
連忠阿
烏精阿
海成阿以上先後潛迯披甲十名
領催慶奎
披甲保榮
春陞

德玉
富和
德山
德有 以上先後點撤披甲七名
伯都訥廂藍旗常林佐領下披甲恩順
奎玉
奇順

富德
常喜
富春
關防遺封
烏淩阿
巴揚阿
依陞阿
德永

西成阿

領催奎英

披甲富有

成福

平安

保林

永昌

勝山

富全

富有

金瑞

德勝阿

壽春 以上定存營領催一名披甲二十二名

海春

永恩

明全

德喜

成亮

成林

祥禄

富有

瑞顕

恩順 以上先族潛进披甲十名

富有

喜永

喜春

富陛

荣全

貴春以上先後點撤披甲六名

伯都訥正白旗色普徵額佐領下披甲富海

富精阿

保陞

關防遵封

恩和

領催依陞阿

披甲烏保

長山

成順

領催奎福

披甲明林

成海

常有

恒山 以上官兵存營領催二名披甲十一名

德順

雙亮

永慶

成受

圖清阿 以上先後潛逃披甲五名

恒德

吉勒剛阿

吉勒明阿 以上先後點撤披甲三名

伯都訥正白旗英俊佐領下披甲金保

海全

永慶

多爾吉

常陞

富成

喜春

烏嫩佈彥

喜貴

和全

富祥

德永 以上寔存營披甲十二名

雅清阿

德春
和山
富有
永慶
海福
關防道封
阿永阿
春海

依博格勒圖
長海
保福
海亮
九海
永順
恩元
以上先後潛逃披甲十五名

高祥

富貴

永慶 以上係革披甲三名

關防遵封

5 伯都讷副都统为严拏常备军逃兵事札饬左右两翼协领文

光绪三十三年五月一日

為將常備軍逃
兵一體嚴拏之
處札飭兩翼由

光緒三十二年五月初一日

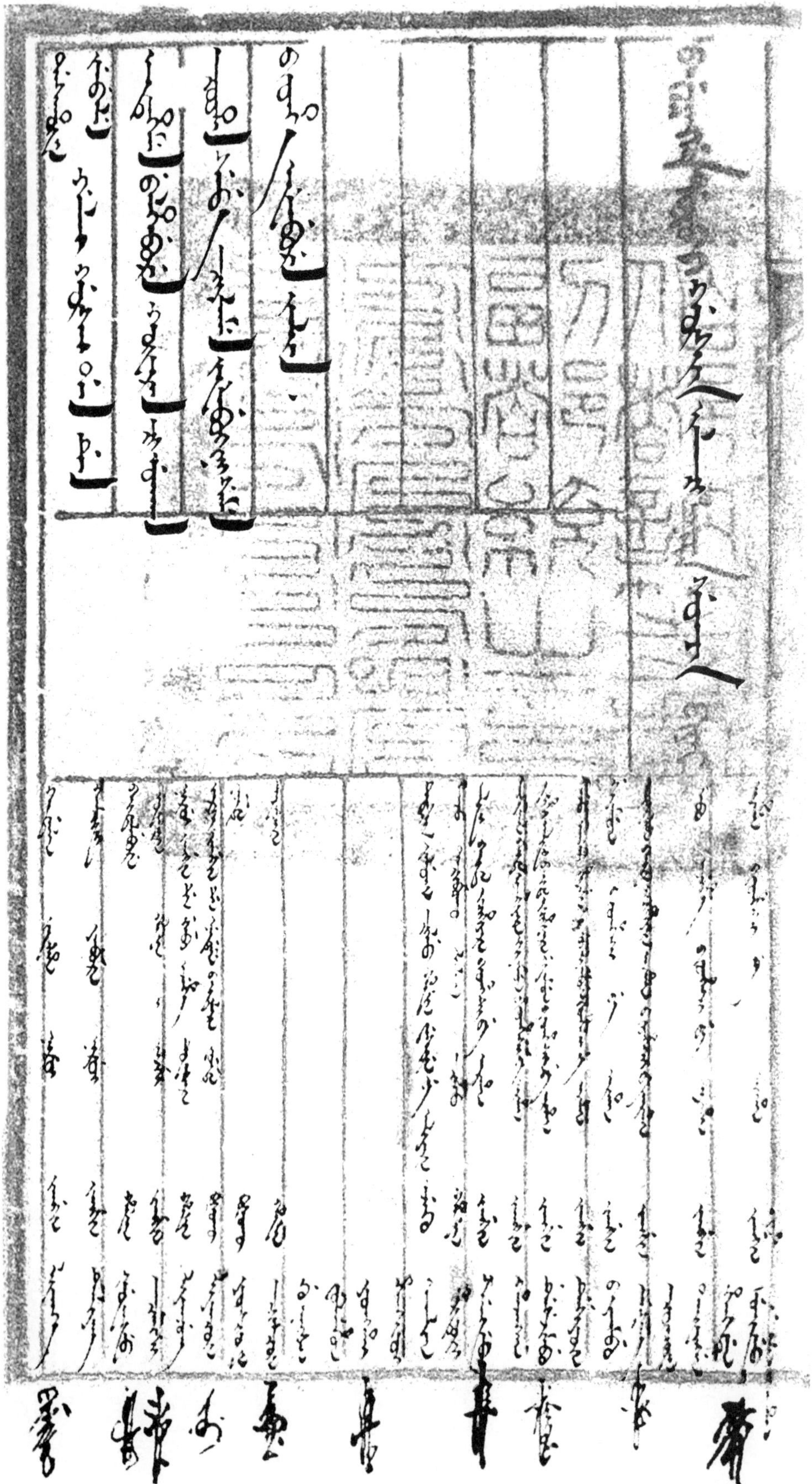

左司呈

為札飭事於光緒三十三年四月二十九日准
將軍衙門咨開兵司案呈案奉
憲交據常備軍第一協統領官穆隆阿呈
稱竊查兩標六營先後所逃目兵甚多寔
於訓練前途大有妨碍况且目兵招徠不
易訓練既久技藝日閑一旦中途脱逃殊

屬可惜若不緝獲懲辦將恐相習成風
無所底止第各旗佐以緝逃之件視若具
文迄今數月並未獲送一名惟現在正當
操練緊急之際若由營派員往拏非持往
返多日致悞操伐而且沿途不虞恐生他虞
查陸軍向章各旗佐均有擔荷承緝之責
任是以呈請嚴飭各城旗務將所逃兵丁按

名弋獲送懲以儆效尤其逃兵所拐軍裝雖經帶隊各官賠補亦未便置而不究並請飭旗如數追繳一併送省理合造具營頭旗佐花名並所拐軍裝件數清冊附封備文呈請鑒核飭兵司辦理施行等因於光緒

三十三年三月二十日奉

憲批據呈並冊均係仰兵司查照分飭遵

辦具復不准稍有推諉並移兵備處轉行
該協統知照等諭奉此查常備軍原挑旗
兵操練新法本為圖强之道誠乃旗人應
盡義務何竟不明此義每有由營潛逃並拐
去軍衣殊屬可惡自應一体嚴緝務獲如
数追繳方符事體除札飭該協統領官遵
照外相應抄单呈請咨行伯都訥副都統衙

門查照速將所逃目兵一体嚴緝務獲並將拐去軍衣如数追繳一併隨文遞送常綸軍統領官處查收辦理切勿視為具文致干查議可也等因准此相應抄单札飭札到該左右翼協領轉飭各該旗遵照速將逃兵一体嚴緝務獲及所拐軍裝一併追繳送省勿違切切特札

右札右左翼協領准此

雲騎尉廣 小對

光緒三十三年五月　日

委筆帖式吉陞阿寫

粘單

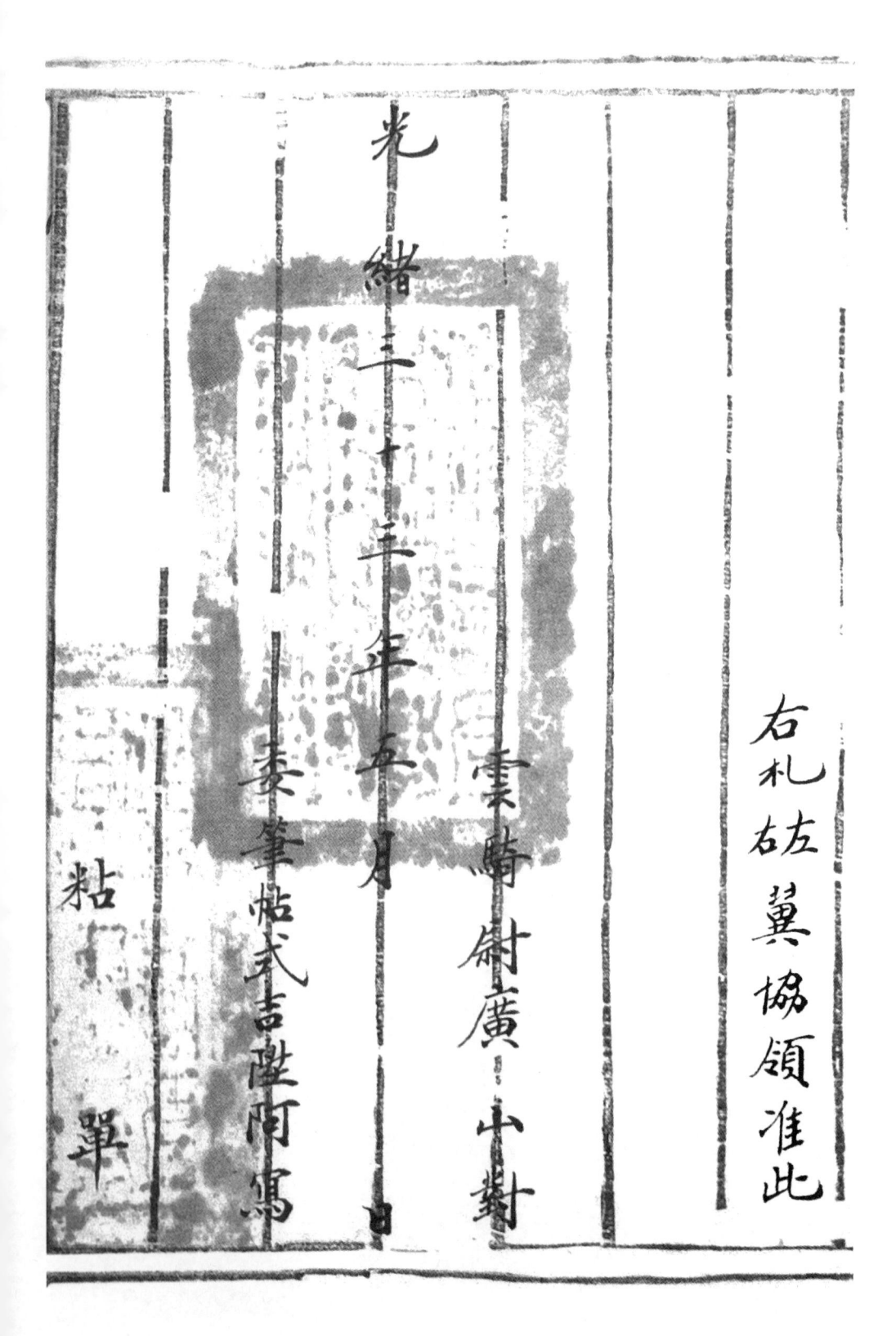

謹將常備軍兩標由去歲十月起至本年三月初
十日止前後陸續潛逃兵丁城池旗佐花名開
列於後

計開

第二標第三營伯都訥黃旗富文佐領下披甲恩魁拐去皮軍衣一件青月白布褲一條頭巾一條於本年正月十二日潛逃

富山

德慶

和春以上三名於本年三月初四日潛逃

三營 德林拐去青单單衣一套頭巾一條於去歲十月二十六日潛逃

二營 正黃旗貴順佐領下披甲榮祥拐去皮單衣一件綿單單褲皮帶各一條夾單衣一套靰鞡一双睡帽一頂於去歲十二月二十七日潛逃

正白旗色普徵額佐領下披甲明林拐去綿夾單衣各一套青單單褲頭巾皮帶各一條皮靴一双於本年正月十七日潛逃

厢白旗永福佐領下披甲富興佈拐去綿單褲一條夾單衣一件於去歲十月二十六日潛逃

春陞拐去綿夾單衣各一套於去歲十一月十二日潛逃

海春拐去皮單衣一件綿單單褲頭巾各一條夾單衣一套靰鞡一双睡帽一頂於本年正月初五日潛逃

永順

鎖 以上二名拐去皮單衣一件綿夾軍衣各一套青單軍褲頭巾各一條靰鞡一双於本年正月十七日潛逃

正紅旗和連佐領下披甲烏陞阿 拐去皮袂軍衣各一件綿軍褲頭巾各一條靰鞡一双於去歲十一月初八日潛逃

恩和 拐去皮單衣一件綿單褲一條袂單衣一套頭巾一條於去歲十一月初八日潛逃

常陞 拐去皮單衣一件綿單褲各一條夾單衣一套頭巾一條靰鞡一双睡帽一頂於本年正月初五日潛逃

春陞 拐去皮單衣一件綿夾單衣各一套青單軍褲頭巾各一條靰鞡一双於本年正月初八日潛逃

富精阿 拐去綿夾單衣各一條皮靴靰鞡各一双於去歲十月二十六日潛逃

正藍旗雙喜佐領下撥德勝 於去歲十二月二十二日潛逃

松齡佐領下披甲增陞 拐去綿單衣一套於去歲十月二十六日潛逃

厢藍旗常林佐領下披甲烏凌阿 拐去皮單衣夾單衣各一件綿單衣一套青單單褲頭巾各一件靴鞦一双睡帽一頂於去歲十二月二十一日潛逃

德永 拐去皮單衣一件綿夾單衣各一套青單單褲頭巾皮帶各一條睡帽一頂靴鞦一双於去歲十二月二十日潛逃

常喜 於本年三月初九日潛逃

二營連科佐領下披甲勝貴 拐去皮單衣一件綿夾單衣各一套青單單褲頭巾各一條靴鞦一双於本年正月十九日潛逃

雙慶 拐去皮袄一件綿夾單衣各一套靴鞦一双頭巾皮帶各一條於去歲十二月二十八日潛逃

三營

勝山 拐去綿單衣一套夾衣一件於本年正月十五日潛逃

根祿 拐去綿夾單衣各一套靰鞡一双睡帽一頂頭巾洋毯各一條於去歲十二月二十八日潛逃

連有 拐去皮單衣一件夾單單褲各一條頭巾皮帶各一條靰鞡一双於本年正月十八日潛逃

祿祥 於本年三月初七日潛逃

恒祥 拐去綿襖一件於去歲十一月十五日潛逃

以上潛逃披甲二十九名

6 伯都讷副都统为报送常备军花名清册事呈吉林巡抚文

光绪三十三年十月十五日

為將挑送兵等
花名冊咨呈
吉林廵撫由

奏派護理副都統印務協領玉

十月

十五

日

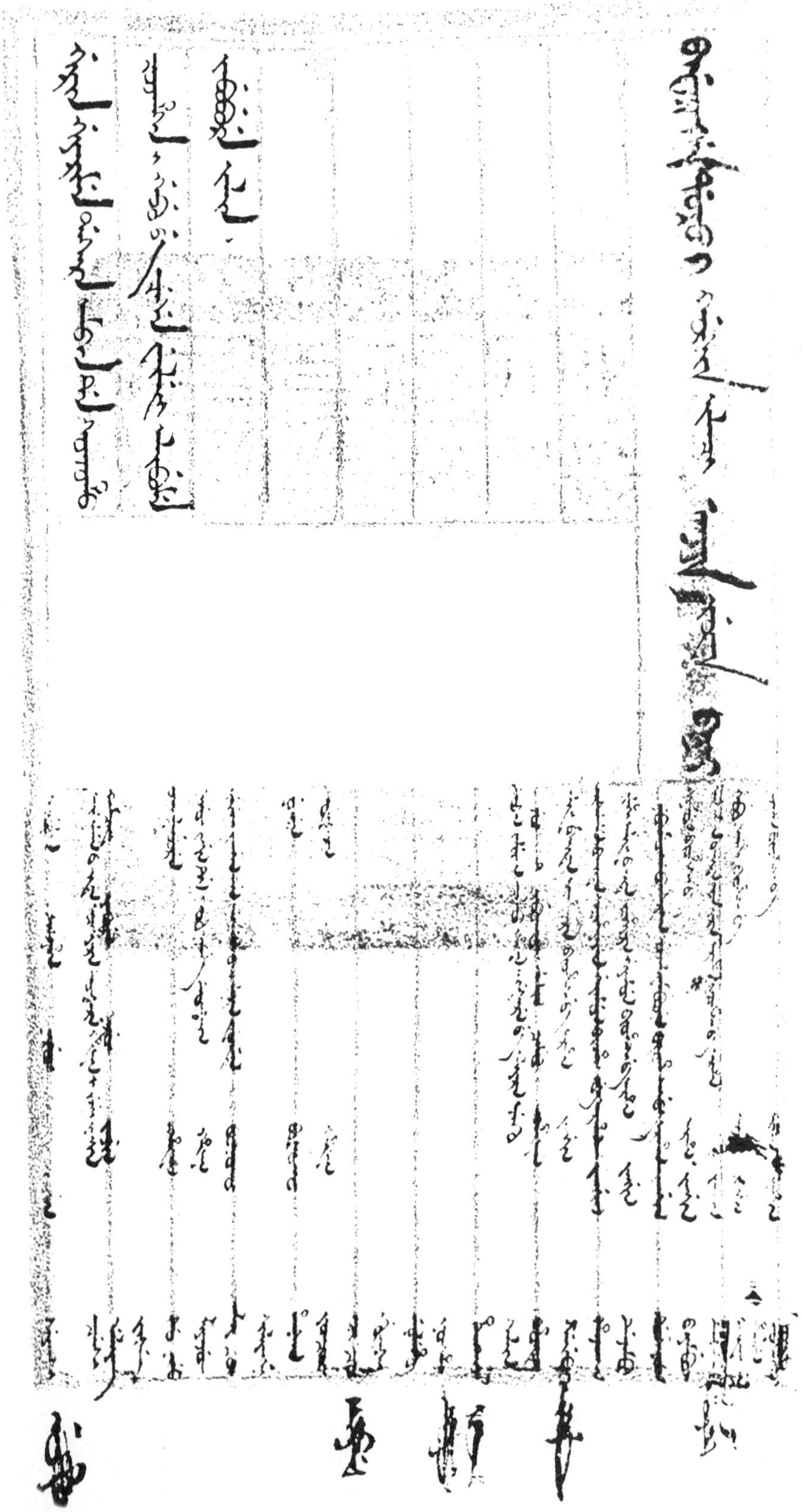

左司 呈

為咨送事光緒三十三年六月初十日准

欽命吉林巡撫部院朱
欽差大臣東三省總督部堂徐
欽命吉林副都統成

咨開兵司案呈光緒三十三年五月

二十五日兵司接准兵備處移開案准常備軍協

統穆 移開查敝軍各營現在缺額以及不堪訓

練應亟撤換者約計需兵四百名茲當操法緊

急之際所需兵丹尤須赶緊派員挑選方克以

補足額而資訓練第此項所需兵丹四百名抑
由何城何旗挑揀應請行知該處傳備並請賜
覆以便由營派員往挑俾昭捷便等因准此查
常備軍自成軍以來所挑兵丹屢據各標營
呈報脫逃者已不下千餘名雖經照章行文
緝拏迄未據各旗署拏獲到案以致各營兵
額旋補旋缺挑不勝挑此次應需合格壯兵四

百名究應在何處傳挑相應備文移會酌定地
方轉飭傳備以便派員往挑並希迅速見覆施
行等因准此查此次應需合格壯兵四百名本
應由近處傳挑以歸迅速惟查臨近各城旗曾
有報名屢經挑選實乏之精壯兵丹若在強迫揀
挑難免老弱充數徒費周折是以擬由甯古塔
伯都訥三姓琿春四城各先傳備精壯兵丁一百

名侯員往挑以資訓練除飭該處遲派委員
往挑外相應呈請咨行等情據此為此合咨
貴副都統衙門查照速即傳備精壯丁丹以
備挑選毋得違悞可也等因准此當即札飭
各旗即將應挑兵丹照數傳齊侯選在案
嗣准
吉林常備軍穆協統派排長賡音泰持文

來訥挑兵隨令各旗將兵傳齊現經排長
賡音泰揀其年力精壯兵丁挑妥一百名擇於
本月十六日分兩起間日啟程赴營仍由敝處
飭派雲騎尉成羣驍騎校喜山等帮同護送
並飭各旗將挑妥兵等花名造具鈐記印冊
徑送排長賡音泰查收赴營之處除咨會
吉林常倫軍穆協統查照外理合將挑妥兵等

旗佐花名年歲造具清册一本附封稽文咨送

為此咨呈

欽命吉林巡撫部院鑒核施行

右　　咨呈

欽命副都統銜署吉林巡撫部院朱

雲騎尉銜玉對

光緒三十三年十月　日

委筆帖式吉陞阿寫

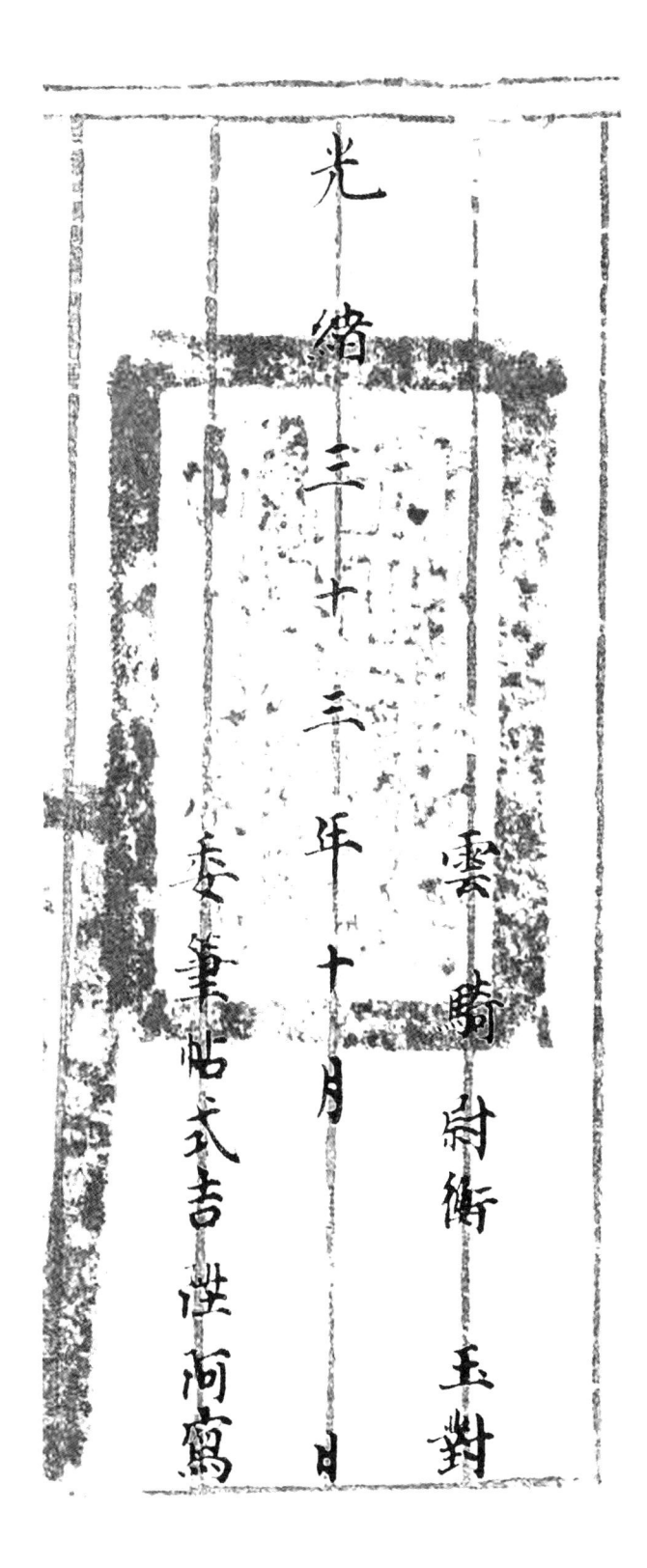

冊底

謹將伯都訥挑送常備軍兵等旗佐花名年歲三代逐一分晰造送冊籍事

計開

厢黄旗全林佐領下

披甲根成阿年三十一歲 曾祖太保 祖父佈特杭阿 父喜陞

根隆阿 吉林中留未選 係祖父佈特杭阿 父喜陞

係同父

根海年二十六歲　收三月出、　係閑散

百順年二十三歲　曾祖全有係閑散　祖父額爾精額係閑散　父瑞林係閑散

滿貴即富昌年三十三歲　曾祖依新保　祖父即符係閑散　父雙喜係閑散　均殁

、喜榮阿年二十一歲　曾祖法克精阿　祖父成祿係領催　父瑞海係雲騎尉　均殁

富林年三十二歲　收五月出、　係閑散　父貴祥

、永祥年二十一歲　曾祖貴富阿　祖父九什係閑散　父成符係閑散

成祥年三十一歲　收七月出冊　月係閑散　父喜春

正黄旗貴順佐領下

披甲恩昌年二十五歲 曾祖來德係閑散 祖父全和係前鋒 父富順 係雲騎尉

恩承年二十二歲 昨十一月逃 全和係前鋒 父富順

依陞阿年二十二歲 昨十月逃 係防禦 父明祥係

春林年二十四歲 曾祖克成額係閑散 祖父特勒青額係閑散 父庫吉勒係閑散

西海年二十六歲 曾祖佛爾虎諾係閑散 祖父沙力把係閑散 父德慶阿係閑散

瑞福年三十二歲 曾祖谷西魯卯係閑散 祖父鉄海係閑散 父吉順 係閑散

瑞陞年二十五歲 曾祖谷西喀那係閑散 祖父伯凌阿係匠醫 父魁福係閑散

海林年二十五歲 非十月缺 凌阿係閑散 父全亮

國祥年十七歲 曾祖烏凌阿 祖父滿亮 父春喜

正白旗德勝佐領下

披甲富魁年三十一歲 水師外委 福全係水手 父海林

根成年三十三歲 曾祖倭興額係閑散 祖父烏凌阿係閑散 父德福係閑散

儂音佈年十七歲 曾祖全喜係披甲 祖父成山係披甲 父秋陞係披甲

慶喜年二十八歲 收迄
〻係閑散祖父全寶係水手
恒保年二十八歲 收迄
順係閑散
貴明年十八歲 父成永係雲騎尉
曾祖巴尼音係閑散祖父托精阿係閑散
有春年二十七歲 父德順係披甲
曾祖明常係閑散祖父色克精額係閑散
賽成年三十歲 收五月迄
祖父巴音德係閑散
保榮年二十八歲
父蘇成係閑散
正白旗蒙古吉陞佐領下

披甲德勝阿年二十八歲 〔满文〕 父納莫拉係閒散
、依慶阿年二十五歲 曾祖英德係閒散 祖父舒勒通阿係閒散 父成順係閒散
吉凌阿年三十一歲 〔满文〕 祖父富陞係閒散
德英阿年二十三歲 〔满文〕 〔满文〕德係閒散
、保山年二十三歲 〔满文〕栢興阿係閒散
正白旗蒙古〔满文〕佐領下
披甲德瑞年二十四歲 曾祖〔满文〕係閒散 祖父薩英阿係閒散 父那斯烏爾圖係閒散

慶德年二十八歲 曾祖西力德係披甲 祖父特德係閑散 父色郁卯謨係閑散

全陞年二十九歲 吹[illegible] 春喜係披甲

德玉年十九歲 祖父巴爾精阿

海清阿年二十九歲 吹[illegible] 全德係閑散

正紅旗和連佐領下

披甲杜隆阿年二十九歲 祖父伯英阿係閑散

永祥年二十六歲 曾祖慶壽係驍騎校 祖父全陞係閑散 父常山係披甲

永林年二十二歲　祖父色普青領係閑散

勝德年三十歲　祖父吉凌阿係閑散

鉄陞年二十三歲　父額勒登倉係閑散

富玉年二十七歲　收正月逃、　祖父烏勒興阿係披甲

全有年二十歲　曾祖普三保係閑散　祖父額勒登倉係閑散　父德魁披甲

富景阿年十六歲　收回、　父托克通阿係披甲

銀財年十六歲　父喜係披甲

廂白旗永福佐領下

披甲德喜年三十三歲 淩阿父托克通阿

海祥年二十八歲 富克精阿父張順

保祥年二十三歲 八月逃、 慶德父富陞

春德年二十六歲 八月逃 富寬父來順

德成阿年二十歲 豐阿父全陞

胡松阿年二十歲 山父成德

、永喜年二十六歲 山父連陞

金順年十八歲 父法富凌阿

、富有年十七歲 魁海父烏順

廂紅旗德亮佐領下

披甲連和年二十九歲 作十月逃 祖父嘎拉吉係閑散殁

、德祥年二十歲 祖父成貴係閑散殁

、萬有年二十二歲 祖父成德係閑散殁

占柱年二十二歲 祖父嘎拉吉係閒散故

明和年二十三歲 祖父嘎拉吉係閒散故

烏凌阿年十八歲 父平喜係前鋒故

永山年二十三歲 此十二月十二日出 祖父金山係閒散故

慶瑞年十八歲 曾祖雅隆阿係披甲故 祖父鈺順係披甲故 父匠藝德豐阿

瑞誠年二十八歲 此十月出 故祖父九十六係閒散故

正藍旗進喜佐領下

披甲

永海 年三十歲 嗣父喜貴

八 魁喜 年二十歲 曾祖佈庫奇禮祖父胡松阿父永海

祿榮 年二十五歲 叔父達洪阿父成志

德慶 年二十五歲 川三 [illegible] 武佛父吉隆阿

八 瑞霖 年十七歲 父訥穆錦

和全 年二十八歲 通阿父喜成

常海 年二十五歲 三全

勝海年十八歲 服四月幽、

父成符

祥海年二十五歲 服四月幽、

〃凌阿父常壽

正藍旗依凌阿佐領下

色克通阿 係閑散

披甲常海年二十六歲

心亮係披甲父魁福前鋒

春山年十七歲

〃烏慶阿年十七歲

係閑散 祖父慶德係披甲 父吳玉發閑散

〃〃海山年二十一歲

常壽係閑散父祥春

貴方年十六歲 挑七月巡
仲係閑散 父富章係閑散

〻德奎年十八歲
八十四係閑散 父全來

〻常福年三十六歲 挑十月巡
父陞克精額係閑散

魁亮年三十五歲
世吧係閑散 父永林係披甲

〻成海年二十五歲
人滿陞

廂藍旗貴春佐領下
係閑散 祖父壽祿係閑散

披甲〻成順年三十六歲
月係閑散 [illegible]

〻勝 順年二十六歲

頁係閑散 碑父勝保係閑散 父花良阿

〻恒 喜年二十九歲

閑文 金壽閑散 父富珠隆阿

永 春年二十八歲

巴綳額係閑散 父諧順

春 山年二十三歲 以八月十五逝

八烏勒公額係閑散

金 福年二十三歲 以四月廿五逝

廿防禦 父明祿閑散

喜慶河年二十一歲 以七月十七逝

父明亮係閑散

連 祥年二十歲 以六月廿八逝

父富順係閑散

〃連陞年十七歲 父明祿係閑散

廂藍旗常林佐領下

披甲

西永年三十五歲 父隻保係閑散 父常慶

勝魁年二十七歲 曾祖慶德係閑散 祖父明亮係披甲 父永海係閑散

〃連陞年三十五歲 係閑散 曾祖雅勤保係披甲 祖父依三保係閑散 父德崇阿

〃富山年十八歲 係雲騎尉 曾祖魁陞係閑散 祖父全有係食半餉 父成祿

永成年二十五歲 收三[illegible] 佃珠理係副都統

常喜 年二十五歲 曾祖巴彥塔拉係閑散 祖父泰保係閑散 父成福係閑散

魁陞 年二十一歲 收留選 烏淩阿係防禦

喜陞阿 年三十歲 收選 勒公額係水手

永順 年三十五歲 曾祖巴音德係披甲 祖父壽昌係閑散 父魁德係披甲

以上共兵一百名

7 伯都讷副都统为教习瑚图礼已三年期满事呈吉林巡抚文

光绪三十三年十一月十五日

為將教習瑚圖禮現已
又三年期滿之處咨呈
吉林巡撫由

奏派護理副都統印務協領玉

慶

十二月

十五

十五日

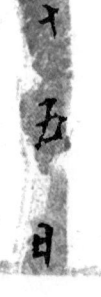

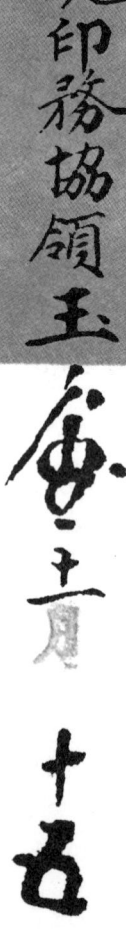

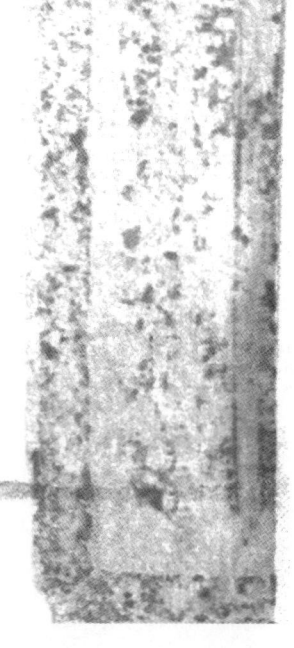

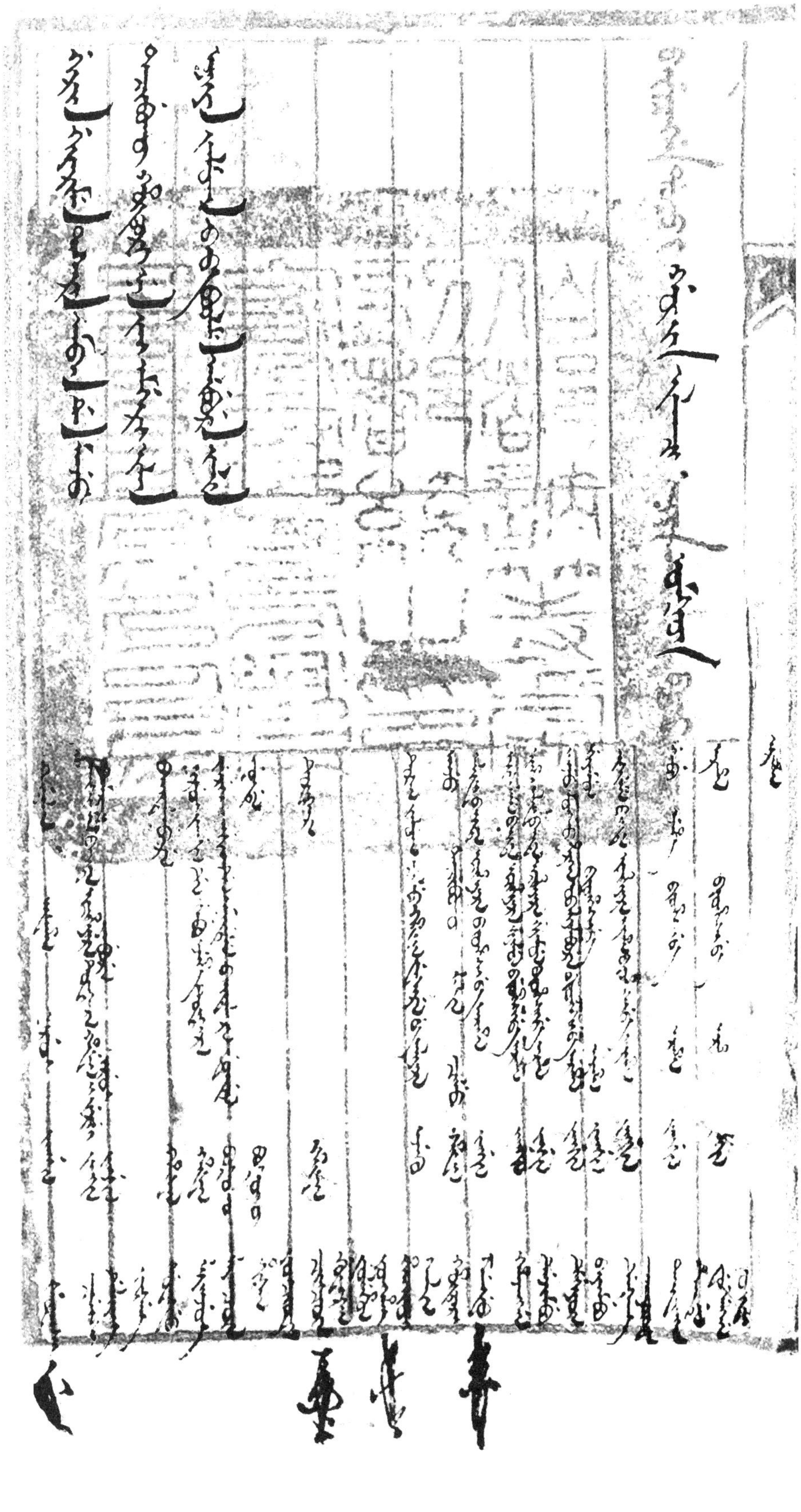

左司　呈

為咨報事案查同治九年三月十二日准
將軍衙門咨准禮部咨文內開所有本部
會議吉林增設教習額缺並分別獎予陞途
一摺於同治八年十一月十三日議奏奉
旨依議欽此今吉林將軍請添寧古塔等處滿教
習奏教讀三年作為差滿之期核與教習三年

俸滿之例尚屬相符擬如所請俟年滿引
見後仿照助教年滿改武之例辦理至若該滿漢教
習等教導三年成效不敷應再留三年方准送部引
見照章陞用以昭慎重等因遵辦在案今查本處
滿教習瑚圖禮自光緒二十七年八月二十六日
起連閏扣至三十年七月二十六日止三年差滿
因教導成效不敷遵章再留三年勤加教讀

之處已於三十年九月初五日備文咨報在案玆
據滿教習委章京瑚圖禮稟稱竊職荷蒙
恩
渥揀補滿教習之缺職於二十七年八月二十六日
接館授職連閏扣至光緒三十年七月二十六日
止三年期滿隨即稟蒙
恩
施因教導三年成效不敷遵照定章再留三年
勤加教讀等諭奉此職自光緒三十年七月二十

六日起連閏扣至三十三年六月二十六日止又滿
三年正欲稟報奉飭將滿學妥為經理聽候
新章如何再當遵行現逾數月未蒙奉有
定規職既已又滿三年未便久遲理合具情稟
明等情前來詳查該教習瑚圖禮又滿三年
所教八旗學生清文步射均能認真訓練工課
有成應將該教習瑚圖禮照改武之例送部引

見其教習一缺另行揀員送省聽候選放外合將本
處滿教習瑚圖禮現已三年差滿教導成效之
處相應咨呈
欽命吉林巡撫部院謹請查核施行
右
咨呈

欽命副都統銜署吉林巡撫部院朱

雲騎尉慶春對

光緒三十三年十一月　日

委筆帖式色普徵額寫

稟

和十〻

五品藍翎滿教習瑚圖禮　謹

稟

仁憲大人麾下敬禀者竊職荷蒙

恩渥揀補滿教習之缺職於二十七年八月二十六日接館授職扣至光緒三十年七月

二十六日止三年期滿蒞即禀蒙

恩施因教導三年成效不敷遵照定章再留三年勤加教讀等諭奉此職自

光緒三十年七月二十六日扣至光緒三十三年七月二十六日止又滿三年理合具情禀

明伏乞

鑒核施行

光緒三十三年十一月　日

8 伯都讷副都统为严缉潜逃之常备军披甲金升等事札饬左右两翼协领文

光绪三十四年二月一日

為將常備軍潛逃之
披甲金陞等札飭
左右翼嚴緝由

奏派護理副都統印務協領玉康　二月　初一　日

光绪二十四

康

初一日

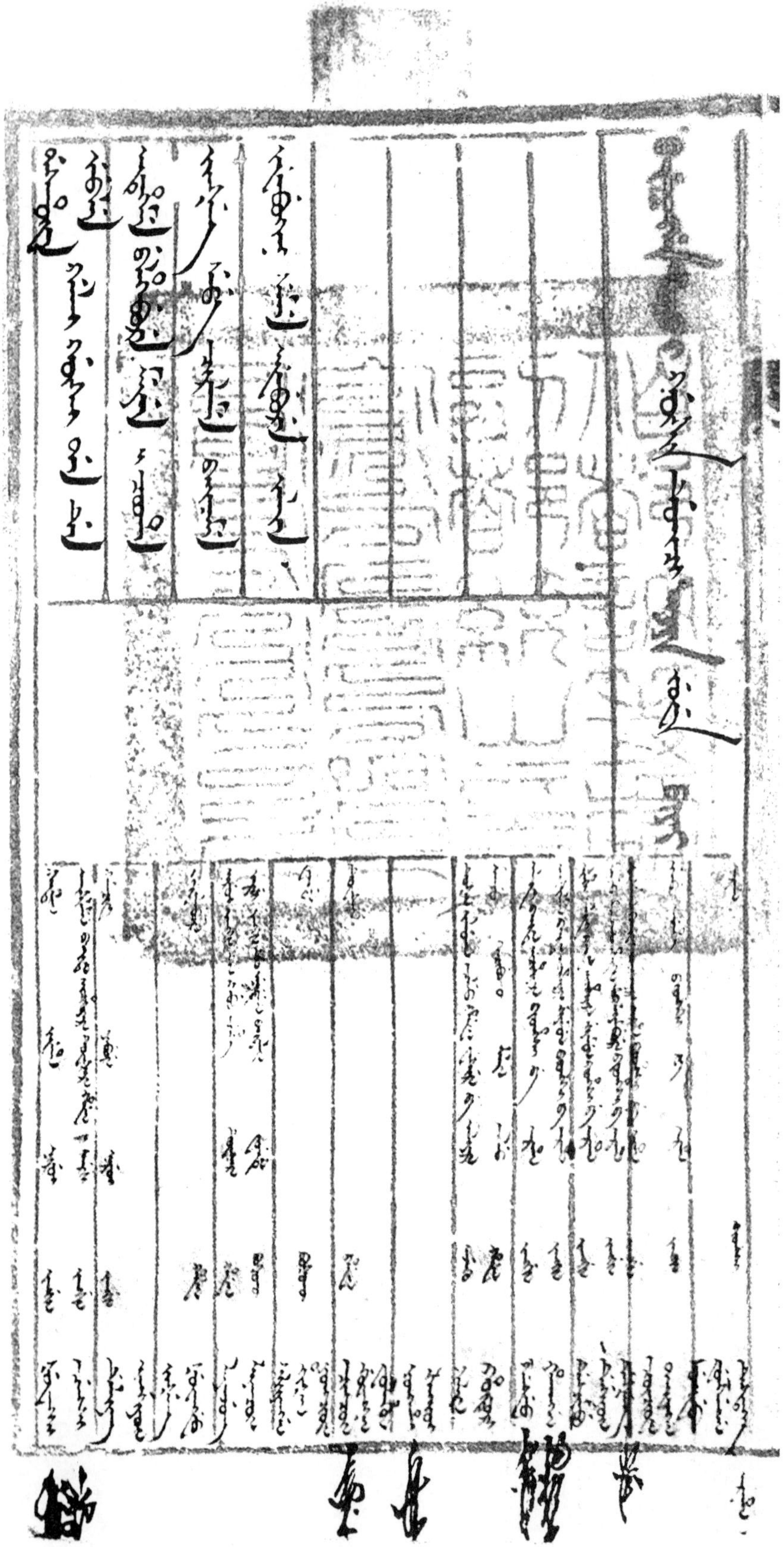

左司呈

為札飭嚴緝事於光緒三十四年正月二十五日兩准

欽差大臣總督部堂徐
欽命吉林巡撫部院朱
咨自去歲十月至十一月底前

後共逃目兵四十九名又五十九名理合抄粘

咨行轉飭所屬各旗一體嚴緝務獲

可也又經吉林二標標統慶咨自去歲

封操至今春開操所有各營兵丁先後

潛逃五十餘名寔屬玩法已極理合抄
粘逃兵旗佐呈請認真拿獲派員送
營各等因准此相應抄單札飭左右
翼協領即便轉飭該管各旗遵即
務將前後由常備軍潛逃之兵丁全陞
等按名拿獲派員送省勿延可也須至札者

右札左右兩翼協領等准此

雲騎尉慶春對

光緒三十四年　月　日

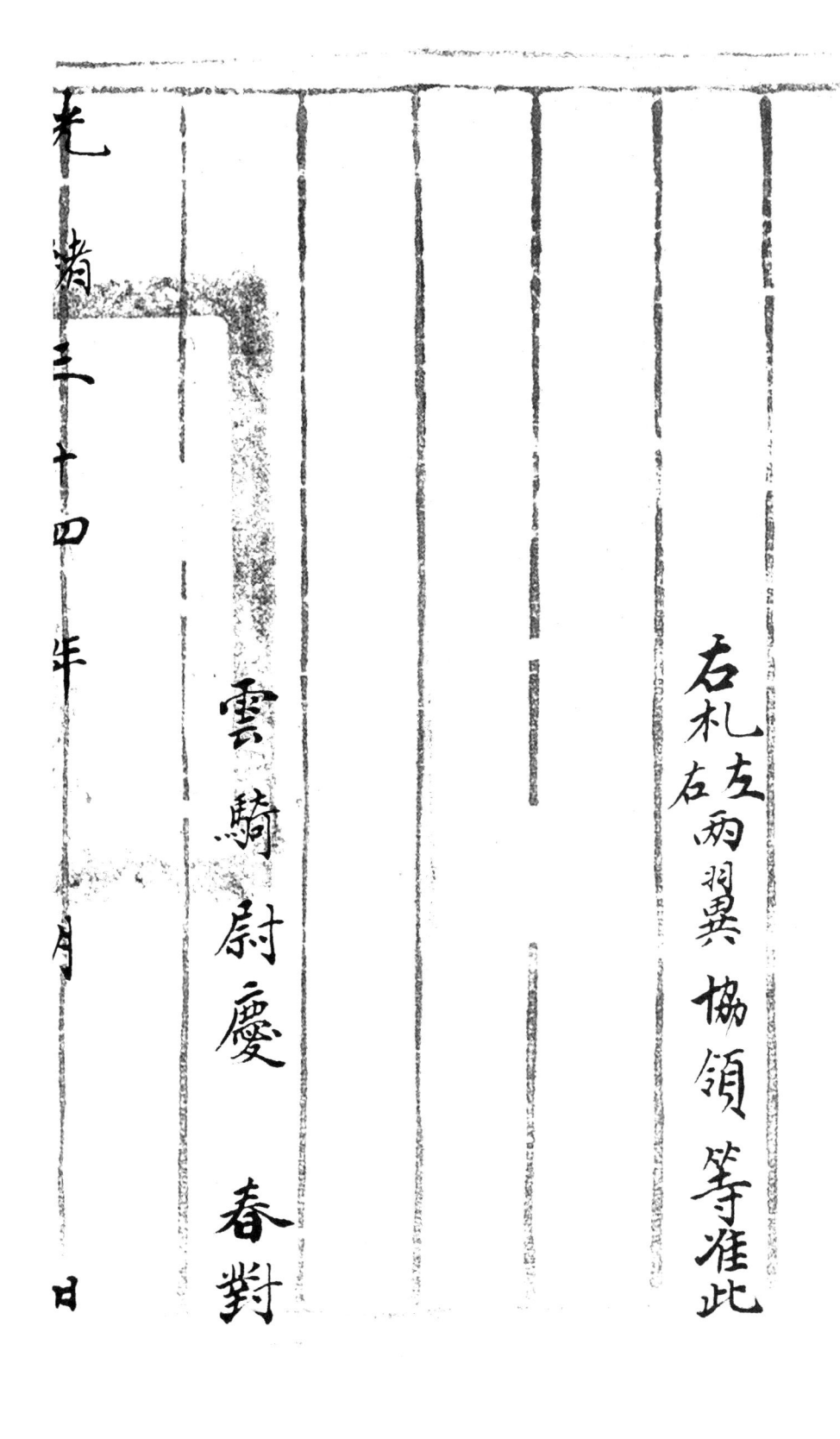

光绪三十四年　　月　　日

委筆帖式德克登額寫

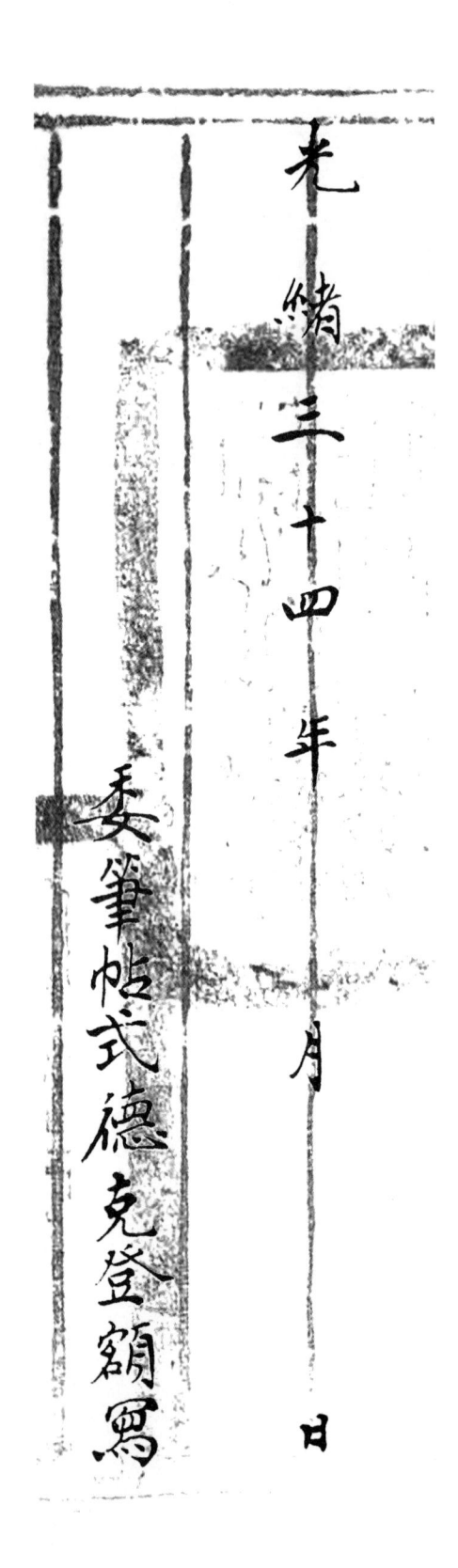

粘单

謹將由常脩軍潛逃之甲兵等旗佐花名列後

計開

廂黄旗披甲金陞

柏順

正黄旗披甲海林

左蒙古旗披甲成順

吉凌阿

右蒙古正白旗披甲全陞

正白旗披甲賽成

喜海

恒保

正紅旗披甲全有

厢白旗披甲保祥

春德
厢紅旗披甲瑞成
連和
正藍旗頭佐披甲富魁
德慶
正藍旗二佐披甲永瑞
以上由常備軍共潜逃甲兵十七名

德慶

正藍旗二佐 披甲永瑞

以上由常備軍共潛逃甲兵十七名

9 伯都讷副都统为严缉常备军逃兵富林等事札饬左右两翼协领文

光绪三十四年七月二十五日

為將常備軍逃兵富林等札飭兩翼飭旗嚴緝由

奏派護理副都統印務協領玉

慶七月廿五日

慶

二十五日

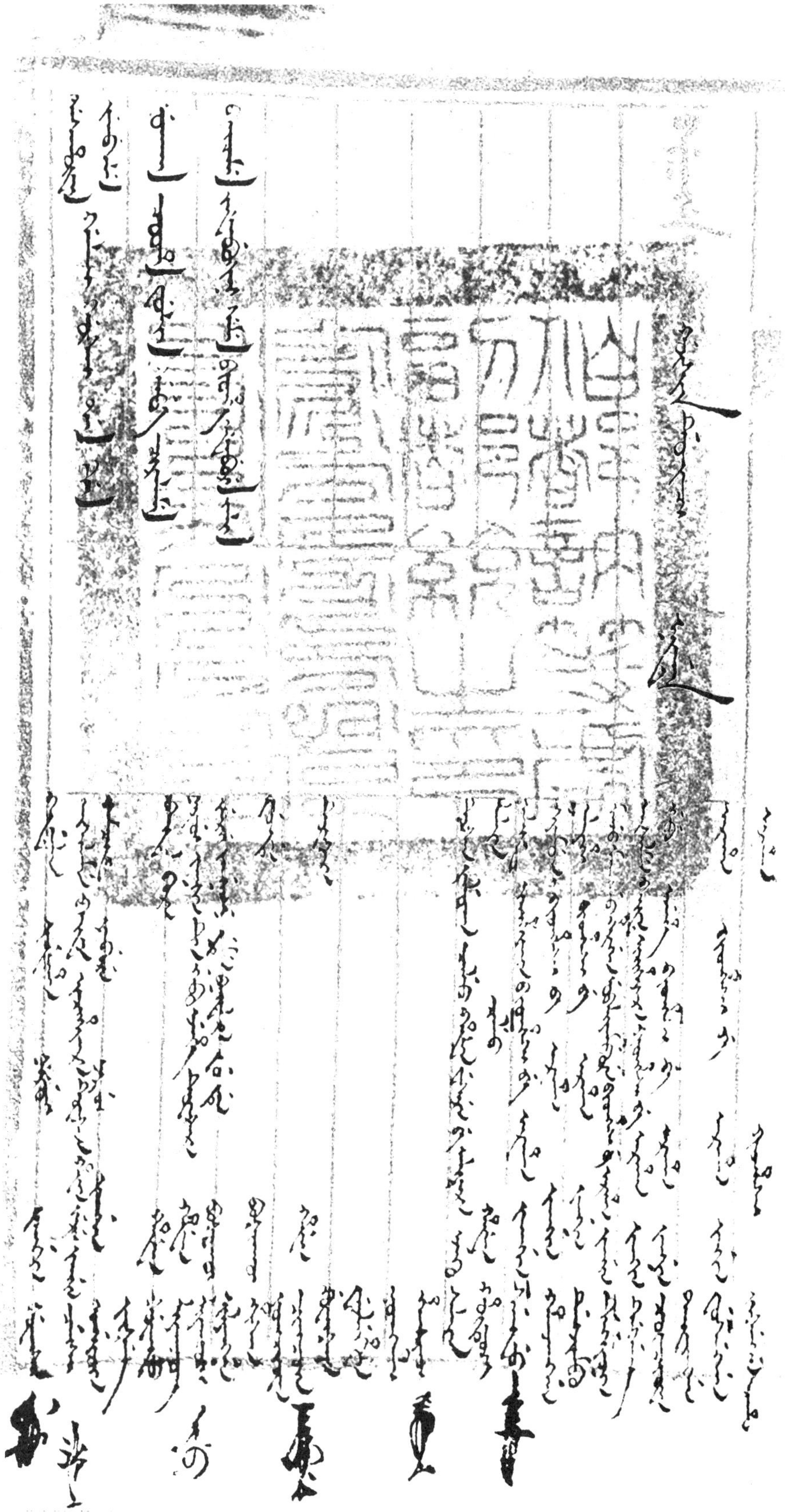

左司　呈

為札飭事本年七月十九日准

吉林全省旗務處咨開光緒三十四年七月

初八日准

兵備處移開案查常備軍自成協以來

所有各營潛逃目兵均經嚴處查明

寔在數目按月開具清摺申報並移貴

處轉行各城營旗一体緝拏在案茲據
陸軍第二標統帶官高鳳城單開本年
五月分該標各營共計逃兵五十六名
呈請核辦前來澈處覆查屬寔除照章
開具花名清摺申報
督撫憲鑒核外相應備文移行貴處請煩
照章轉飭一体嚴緝等因准此除分行

外相應抄粘僧文咨行爲此合咨貴副
都統衙門請煩查照轉飭嚴緝施行等
因准此合亟抄粘札飭札到該左右翼協
領轉飭所屬各旗務將逃兵富林等按名
一体嚴緝務獲送營可也

札左右翼協領准此

旺四月巡

雲騎尉銜　玉對

光緒三十四年七月　日

委筆帖式吉陞阿寫

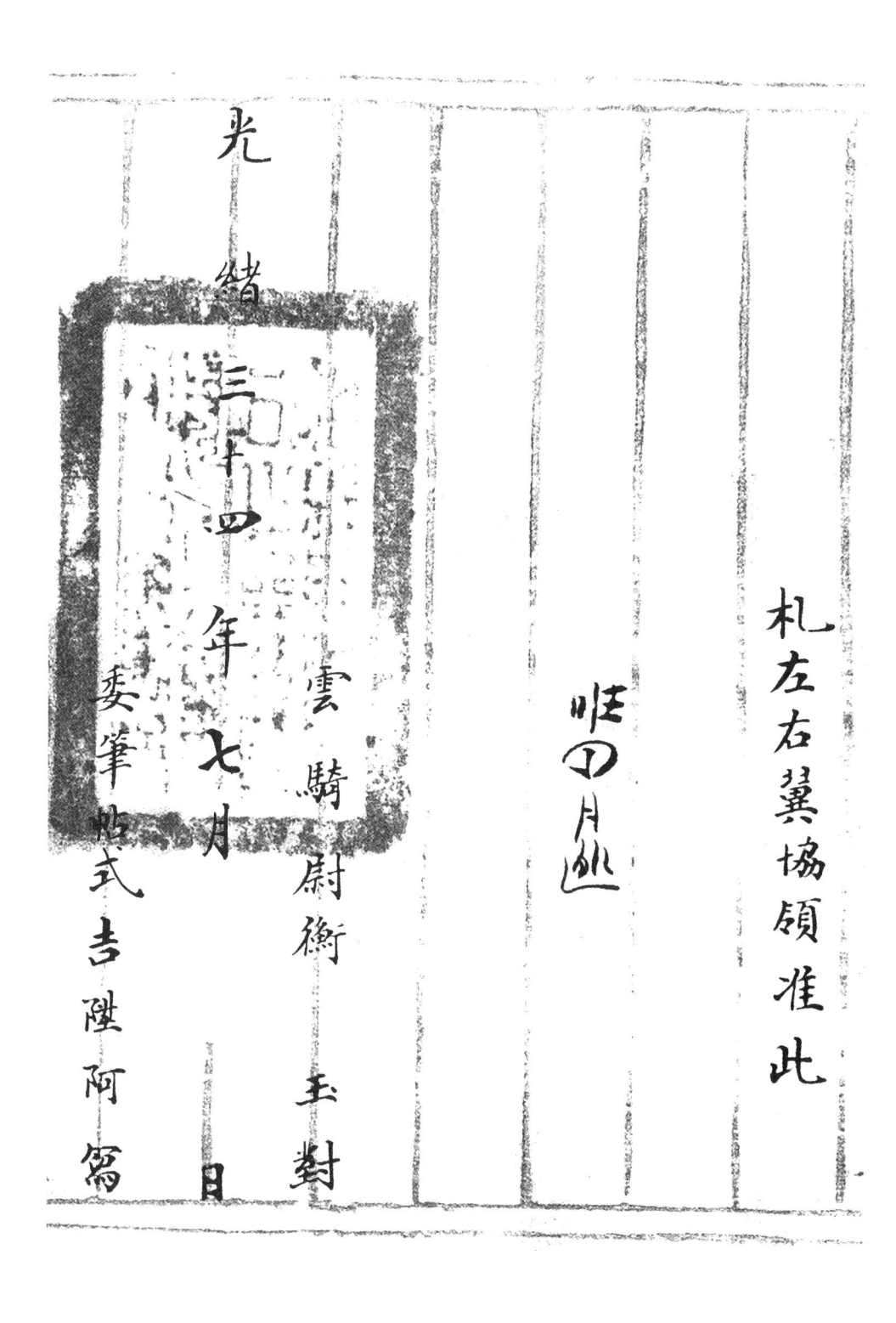

粘單

謹將常備軍逃兵旗佐花名列後

計開

伯都訥廂黃旗全陞佐領下披甲富林

正白旗吉陞佐領下披甲德陞阿

正藍旗依凌阿佐領下披甲丁順

慶喜佐領下披甲全陞

廂藍旗常林佐領下披甲魁英

勝魁

廂白旗永福佐領下披甲富陞

10 伯都讷副都统为报送拣选之兵花名清册事行吉林全省旗务处文

光绪三十四年八月四日

為將挑安兵等花名造册移咨
旗務處由

奏派護理副都統印務協領王

寶

八月

初四

四

日

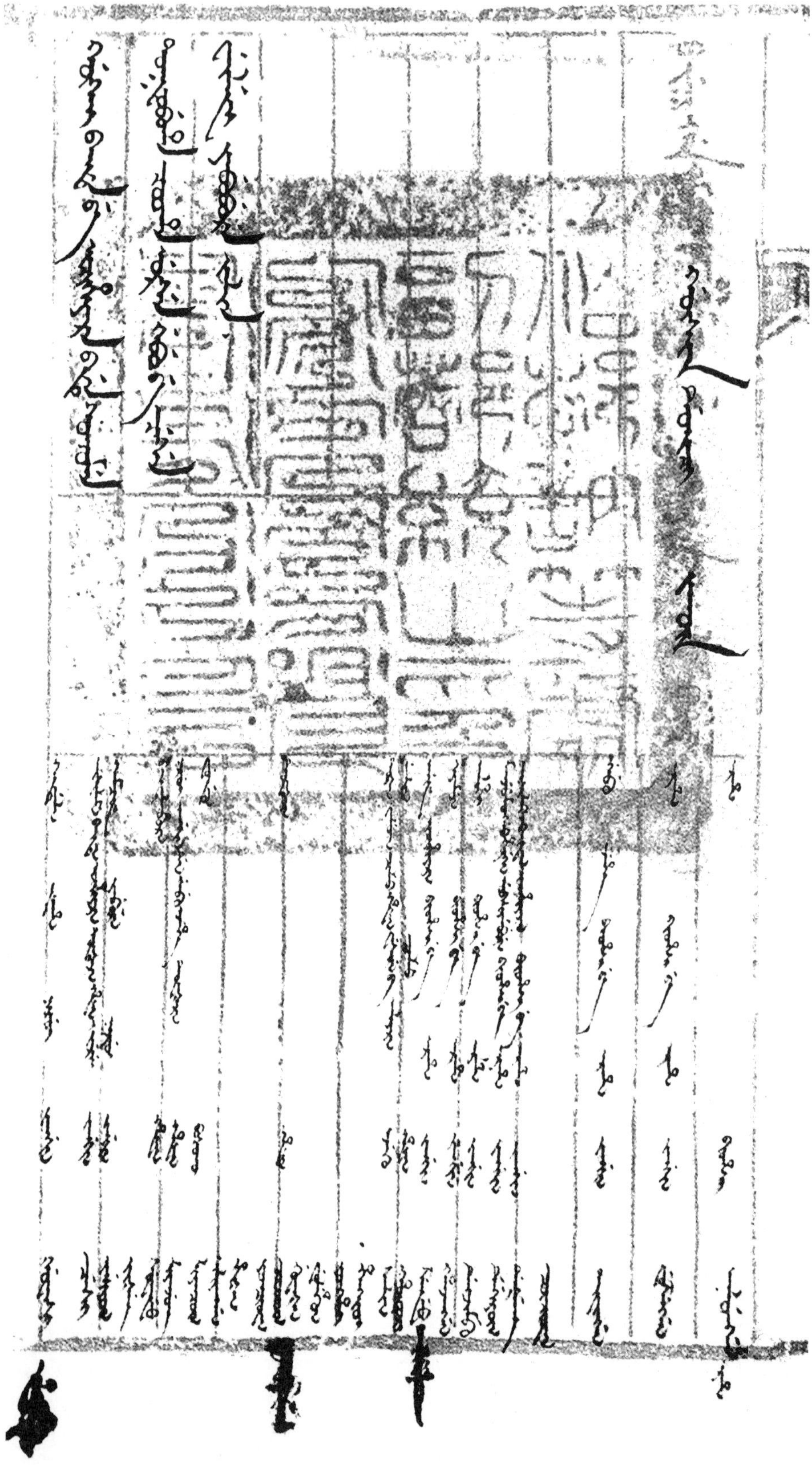

左司呈

為咨送事於本年六月十五日准

吉林全省旗務處咨開光緒三十四年六月初六日准

兵備處移開案奉

督撫憲札開案據督練處總參議田鎮呈稱第

二標原有正副目兵二千五百一十二名除陸續逃

革二百三十八名及三次撥給第一標二百九十名

尚存九百八十四名外共缺副兵五百二十八名擬
請飭兵備處迅速辦理募補以資訓練查該
標三營除逃革撥出外寔存九百八十四名擬
歸併兩營歸併時惟留該營正副目以備助
教新兵騰出一營官長選擇辦理庶務較優
者數員派往選募新兵帶領回營即歸該營
官長訓練不特將來便於退伍亦且不易沾染

舊習庶於教育尤易循序施行是否有當
恭候飭遵等情據此除批照辦並分行外合行
札飭札到該處即便選派熟悉軍官按照募
補章程前往募選以資補充並將所派員
數暨前往處所具報備查等因奉此查吉
省常備軍派員前往各城旗營挑兵向由
該協查明應行補挑人數報由敝處移行貴

處酌定某城某營各挑若干名並寬備若干
名呈請
督撫憲分別咨札各城旗營如數傳備合格兵
丁聽候常備軍派員持文携款往挑歷經遵
辦在案茲准前因並據該協查明應行補
挑副兵及備補兵共六百名相應備文移行貴
處請煩查照向章迅速辦理並希見覆施行

等因准此查此次應行挑充副兵及俻補兵共
六百名自應按照上次行查各城旗聲覆情形
酌定數目一律傳俻齊楚聽候挑選除分行外
相應抄单數目俻文咨行為此合咨貴副都
統衙門請煩查照希即按照單開百名數目迅
速傳俻齊楚以俻往挑幸勿違悞可也等
因准此當即札飭各旗將合格兵册照數傳

齊聽候委員選挑之處前已咨明在案嗣准
吉林陸軍第一協派二標第三營前隊隊官張
東和携帶川資來訥挑兵隨令各旗將兵備
齊現經張隊官揀其年力精壯合格兵丁挑
妥一百名擇於本月初五日啟程赴營並飭各
旗將挑妥兵等花名造具齡記印册經送張
隊官查收赴營之處除咨會

陸軍第一協查照外理合將挑妥兵等旗佐
花名年歲三代造具清冊一本附封備文咨送
爲此合咨
貴旗務處查照施行
右　　　　　　　　　　　　　　　　　　咨
　　　　　　　　　　　　　　　　　　　　　　　　　　　　　　　　　　　　移　　　會
吉林全省旗務處
吉林陸軍第一協

騎都尉雙福對

光緒三十四年八月　日

委筆帖式恩隆阿寫

册底

謹將伯都訥挑送常備軍兵等旗佐花名年

歲三代逐一分晰造送册籍事

計開

廂黄旗德英阿佐領下

披甲喜成阿 年二十九歲身五尺三寸 左斗一 右斗一

曾祖托存保 祖父依勒洪阿 父岱喜

豐春 年二十九歲身五尺 左斗三 右斗四

曾祖烏凌阿 祖父滿亮 父根喜

銘祥 年二十三歲身四尺九寸 右左斗一二 曾祖明山 祖父六十一 父慶林

永勝 年十八歲身四尺九寸 右左斗一無 曾祖貴當阿 祖父九什 父成符

保林 收十月出 右左斗一無 珠爾剛阿 父阿勒精阿

金銳 收十月出 右左斗一五 勝保 父圖尚阿

德成 收九月出 右左斗四三 月山 父巴揚阿

春山 收六月出 册無 右左斗二三 舒林 父常鎖

依凌阿 年二十六歲身五尺一寸 右左斗四三 曾祖德勝阿 祖父常明 父畧達

正黄旗貴順佐領下

披甲順福 年二十六歲身五尺 左斗三 右斗四
曾祖根山 祖父額英額 父根順

永德 收十月 殁
左斗無 右斗一
[illegible]珠理 父春陞

恩慶 年二十三歲身五尺 左斗二 右斗一
曾祖來柱 祖父金和 父富順

恩祿 年二十四歲身四尺八寸 左斗無 右斗二
曾祖富陞保 祖父德吉 父喜順

法克精阿 年二十二歲身五尺 左斗五 右斗四
曾祖德音保 祖父占保 父常陞

鐵海 收十月 撤
左右斗俱無
[illegible]魁 父常福

、德喜 年十九歲身五尺砝斗無一
曾祖烏勒精額 祖父莫勒圖 父阿明阿

、魁陞 年二十三歲身五尺砝斗俱無
曾祖富順 祖父依克坦佈 父德山

、富良阿 年十八歲身五尺砝斗四四
曾祖西蘭保 祖父滿祿 父成福

正白旗德貴佐領下

披甲

保慶 年二十六歲身五尺三寸砝斗三二
曾祖色奇音保 祖父博青阿 父順德

勝喜 年三十一歲身五尺五寸砝斗二三
曾祖蘇成 祖父福增 父九富

金發 收十月逃
、三寸砝斗俱無
[illegible]勒精阿 父恩特恒額

和豐阿收九月迦

左右斗五五克錦保父托精阿

、祥瑞年二十四歲身五尺左右斗一無
曾祖音德佈祖父全祿父根成阿

、恩順年二十七歲身四尺三寸左右斗俱無
曾祖達勒瑪祖父托穆松阿父根旱

常奎年二十歲身三尺八寸左右斗一一
曾祖博青阿祖父明喜父恰清阿

、瑞慶年十七歲身四尺二寸左右斗俱無
曾祖百福祖父七十四父根亮

、恒喜年十八歲身四尺左右斗三三
曾祖阿音圖祖父奇順父富貴

正白旗蒙古吉陞佐領下

披甲永祥 年二十一歲身五尺 砍左斗二 無
曾祖定保 祖父業普鏗額 父雙羣

德勝 年二十二歲身五尺 砍左斗二 四
曾祖嘛喜 祖父琿喜 父蒙庫巴圖

永連 年二十七歲身五尺 砍左斗二 無
曾祖拉佈珠拉 祖父扎林太 父豐陞額

富貴 年二十九歲身五尺 砍左斗俱無
曾祖特楞 祖父額爾登倉 父巴圖巴雅爾

成玉 年十八歲身四尺五寸 砍左斗十一 三
曾祖巴達郎貴 祖父圖親保 父蒙克

正白旗蒙古英俊佐領下

披甲海祥 年二十四歲身五尺 砍左斗十二 三
曾祖吉爾嘎郎 祖父金保 父隆彥

、和福 年二十五歲身五尺 砝手一四 曾祖多本 祖父蘇爾泰 父鉄保

、邢孫蒙克 年十九歲身五尺 砝斗一二 曾祖阿凌阿 祖父全順 父常海

杜清阿 年二十二歲身五尺 砝斗一一 曾祖扎邢嘎 祖父哈爾庫 父哈郎阿

、烏勒清阿 年二十一歲身四尺 砝斗四五 曾祖德楞額 祖父興保 父喜凌阿

正紅旗和連佐領下

披甲

巴勒精阿 年十八歲身五尺五寸 砝斗無二 曾祖揚塔保 祖父和通阿 父永貴

、喜永 年二十七歲身五尺 砝斗俱無 曾祖阿凌阿 祖父和林 父瑚圖禮

、滿有 年十八歲身四尺八寸左右斗一二 曾祖德林 祖父舒通阿 父烏勒恭阿

金有 年十九歲身四尺八寸左右斗一二 曾祖海林 祖父花凌阿 父常連

、常海 年二十六歲身五尺左右斗二四 曾祖六小 祖父德成 父三全

富春 收九月巡、斗二四 父連順

、海亮 年二十二歲身四尺八寸左右斗三四 曾祖明全 祖父阿勒通阿 父根陞

順喜 年二十六歲身四尺八寸左右斗一二 曾祖阿林太 祖父明保 父永順

、德貴 年二十六歲身五尺左右斗無一 曾祖成德 祖父福連 父吉隆額

廂白旗永福佐領下

披甲德貴　收九月出選者、砝斗十三
出父連喜

慶順　年二十六歲身五尺二寸　砝斗十二
曾祖倭爾慶額祖父雙保父和春

永祥　年二十八歲身五尺　砝斗十四
曾祖烏春祖父金壽父同春

福祺　年三十歲身五尺一寸　砝斗十四
曾祖烏勒胡達祖父多敏父托永阿

英祥　年十九歲身五尺　砝斗十二
曾祖趙玉祖父趙英父凱甲

富祿　收九月出　砝斗十四
林父佐林

、斐利 年十九歲身五尺 砝斗一無
曾祖慶安 祖父董林 父富成

、金鎖 年二十歲身五尺一寸 砝斗三無
曾祖烏凌阿 祖父托克通阿 父丁柱

魁元 年二十五歲身五尺二寸 砝斗三二
曾祖烏爾滾保 祖父福林 父祥順

廂紅旗德亮佐領下

披甲富魁 年二十八歲身四尺八寸 砝斗二無
曾祖德山 祖父英春 父來順

、武誠 年二十三歲身五尺 砝斗一一
曾祖依薩佈 祖父隻福 父常順

連陞 收[illegible] 砝斗一二
父九成

烏凌阿 年二十歲身五尺 砝斗一二
曾祖阿凌阿 祖父平喜 父慶福

〃富林 年二十歲身五尺 砝斗五四
曾祖永成 祖父海清額 父水牛

〃吉祥 年二十二歲身五尺二寸 砝斗無
曾祖和春 祖父吳從海 父武宣

富崑 收十月廿、 斗一二
〃西勒 父勝連

〃榮符 年十八歲身五尺 砝斗無
曾祖連春 祖父勝群 父慶貴

〃喜明 年二十五歲身五尺四寸 砝斗三三
曾祖魏托保 祖父巴楊阿 父德祿

正藍旗雙喜佐領下

披甲倭興額 年二十歲身五尺 砝斗二三
曾祖滿昌 祖父蘇成、父凌貴

〃根利 年十九歲身五尺 砝斗無
曾祖依精額 祖父符順 父雙喜

〃常鎖 年十六歲身四尺 砝斗二二
曾祖卓哩木保 祖父富林 父勝春

〃常山 年二十一歲身五尺 砝斗五五
曾祖富勒登額 祖父豐陞額 父雙喜

〃春安 年十八歲身四尺五 砝斗四五
曾祖瑪勒陞阿 祖父賽陞額 父貴海

金祥 服十月迎 四五
閏父奇崇阿

保有 年二十一歲身四尺八寸 砝斗二一
曾祖馬隆阿 祖父雙成 父祥海

恩喜 年三十歲身五尺箕斗三四
曾祖烏達奇 祖父明全 父圖清額

蘇芳阿 年二十歲身五尺箕斗無無
曾祖額英額 祖父富順 父海順

正藍旗依淩阿佐領下

披甲喜林 年二十一歲身五尺二寸箕斗無一
曾祖倭克精額 祖父音登額 父常和

八依明阿 年二十三歲身五尺一寸箕斗一無
曾祖烏撒保 祖父色山 父新春

常海 年二十五歲身五尺一寸箕斗四無
曾祖鈺模 祖父色克通阿 父永亮

〻喜常阿 年十五歲身五尺箕斗一無
曾祖七十 祖父德亮 父魁福

根祿 年二十四歲身五尺二寸 砝斗三二
曾祖書倫保 祖父黃狗 父烏凌阿

魁祿 年二十八歲身五尺一寸 砝斗一五
曾祖常壽 祖父和凌阿 父富犀

金順 年二十二歲身五尺一寸 砝斗四三
曾祖德泰保 祖父富林 父滿春

喜祥 年二十四歲身五尺一寸 砝斗一一
曾祖雙永 祖父和凌阿 父常全

和羣 年二十歲身五尺 砝斗一無
曾祖烏勒功額 祖父郝勒 伯父博音吐

廂藍旗貴春佐領下

披甲奇崇阿 年二十二歲身五尺一寸 砝斗十無
曾祖訥通阿 祖父平安 父張玉

〃峻慶 年二十六歲身五尺 右左斗俱無
曾祖哲勒胡勒 祖父烏明 父胡松額

〃喜永阿 年二十二歲身四尺八寸 右左斗俱無
曾祖依勒賡額 祖父明亮 父德貴

〃喜凌阿 年二十四歲身四尺八寸 右左斗二二
曾祖依勒賡額 祖父明亮 父德祥

〃雙喜 年二十一歲身四尺五寸 右左斗俱無
曾祖倭興額 祖父和忠 父德安

常有 收[illegible]逃 斗五四
繃額 父祥瑞

〃喜精阿 年二十二歲身四尺五寸 右左斗三四
曾祖依勒賡額 祖父明亮 父德瑞

〃春明保 年十八歲身四尺四寸 右左斗五三
曾祖明全 祖父圖清額 父永喜

根玉 年二十五歲身四尺四寸砝斗四三 曾祖色勒額祖父德奎父常春

廂藍旗常林佐領下

披甲額楞額 年二十五歲身五尺砝斗十二三 曾祖慶福祖父西勒閏父勝林

常海 年二十六歲身五尺砝斗四四 曾祖張德保祖父哈豐阿父平喜

慶海 年十八歲身五尺砝斗俱無 曾祖西達喜祖父烏林父金祥

富有 年二十四歲身五尺砝斗俱無 曾祖美楞額祖父依勒格春父恒符

富陞 年十八歲身五尺砝斗十二二 曾祖美楞額祖父依勒格春父恒符

慶山 年二十四歲身五尺砝斗俱無
曾祖花尚阿 祖父壽保 父雙春

魁順 年二十二歲身五尺砝斗十二
曾祖富珠理 祖父烏凌阿 父永肯

〇金山 年十六歲身四尺砝斗俱無
曾祖平壽 祖父富克精阿 父西成阿

金崇 收有逃 俱無
父利勤

以上共兵一百名

11 伯都讷副都统为严缉常备军逃兵事札饬左翼协领文

光绪三十四年八月十日

為將常備軍逃兵札
飭左翼飭旗嚴緝

奏派護理副都統印務協領玉
廣
八月
初十

奏

十
月

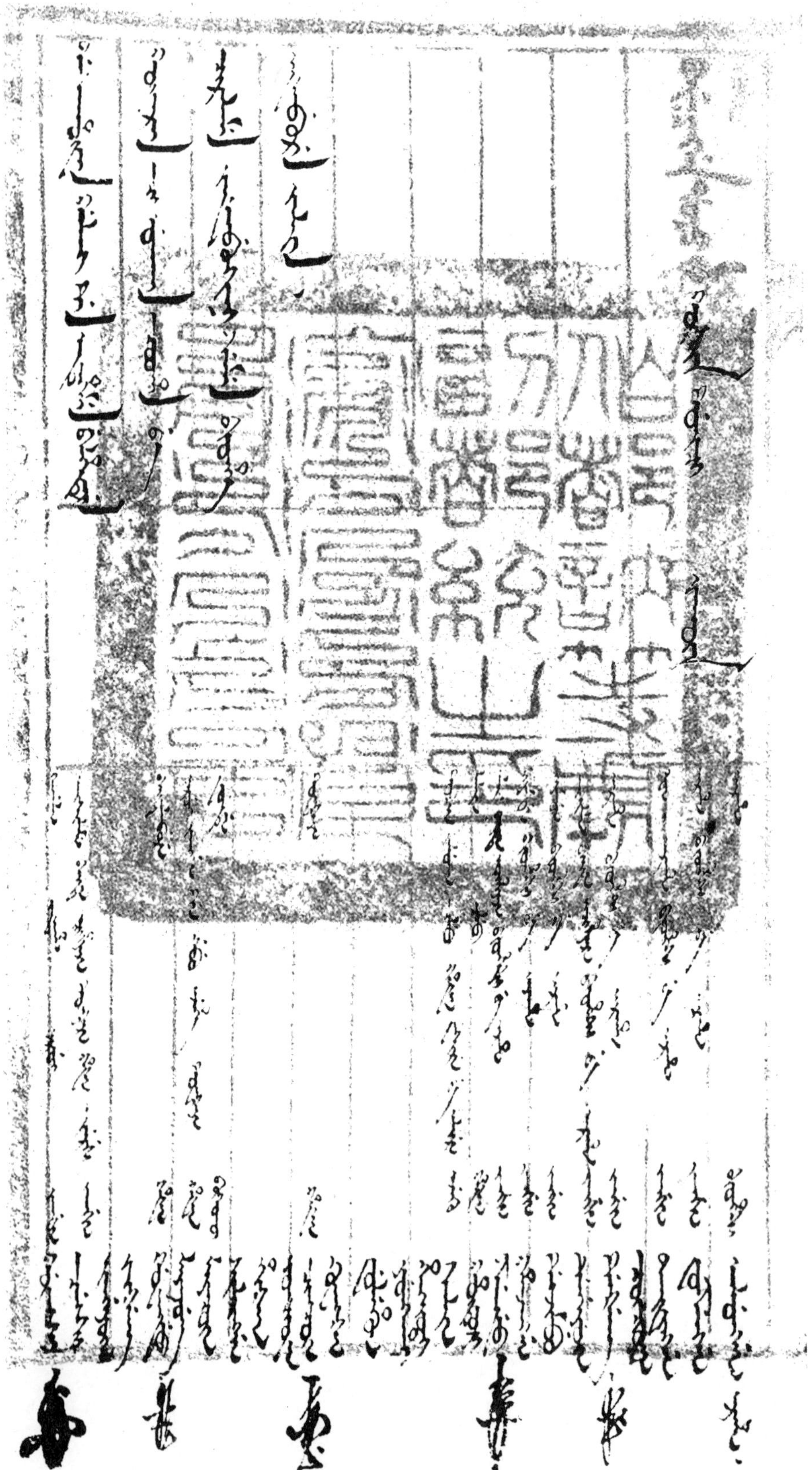

左司呈

為札飭事於本年八月初一日准
吉林全省旗務處咨開光緒三十四年七月初八
日准兵備處移開案查常備軍自成協以來所
有各營潛逃目兵均經敝處查明實在數目按
月開具清摺申報並移貴處轉行各城營旗
一体緝拏在案茲據陸軍第二標統帶官高鳳

城單開本年五月分該標各營共計逃兵五十六
名呈請核辦前來溦處覆查屬寔除照單開
具花名清摺申報
督撫憲鑒核外相應備文移行貴處請煩照章
轉飭一体嚴緝等因准此除分行外相應抄
粘備文咨行為此合咨貴副都統衙門請煩
查照轉飭嚴緝施行等因准此合亟抄粘札

飭札到該左翼協領轉飭該旗務將逃兵德
英阿一体嚴緝務獲送營可也

右札左翼協領准此

光緒三十四年八月　　日

騎都尉斐　　福對

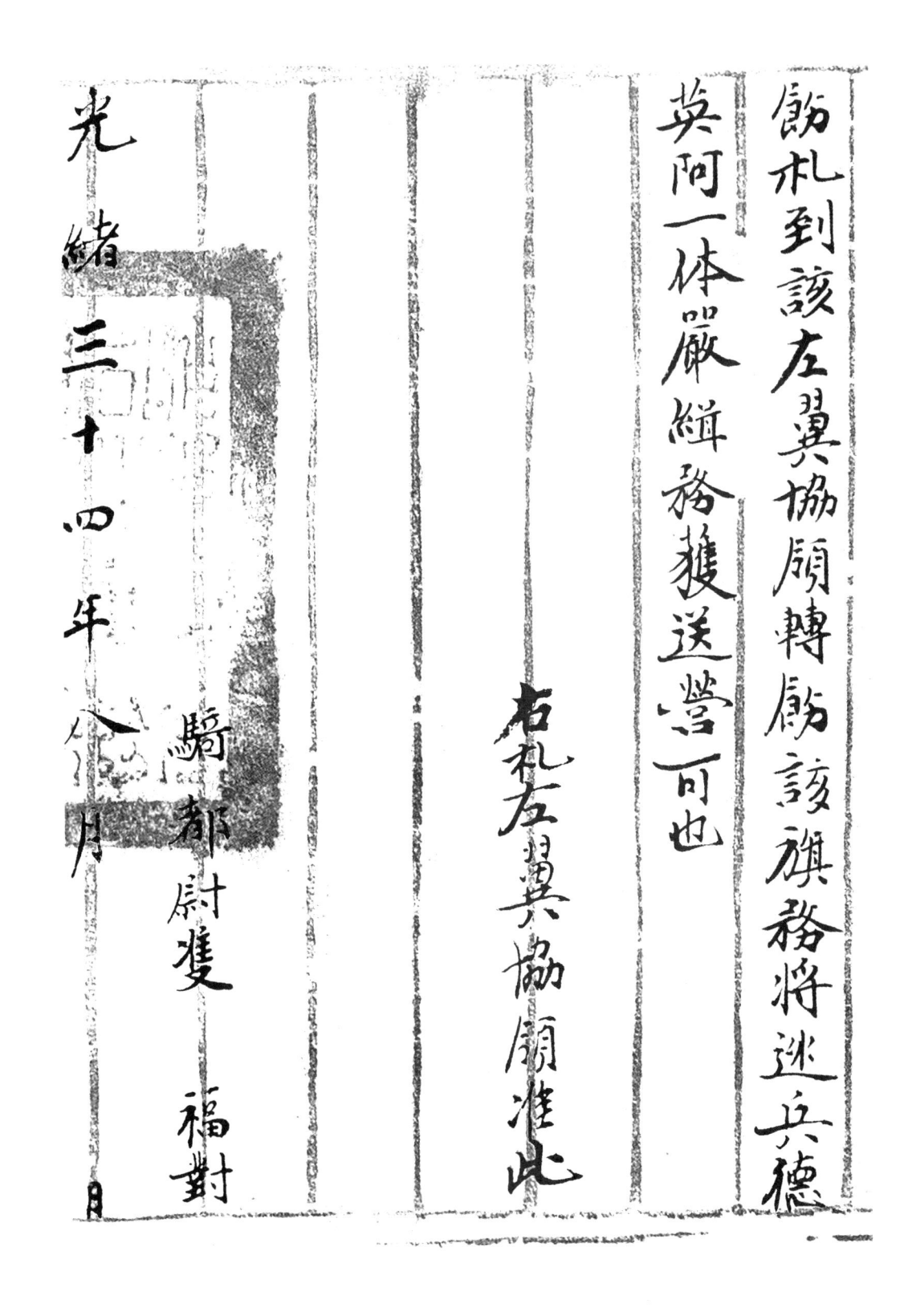

光緒三十四年八月　日

委筆帖式恩隆阿寫

粘　单

計開

第二標第一營伯都訥蒙古正白旗吉陞佐領下披甲德英阿

12 伯都讷副都统为报送义仓公田地亩事呈东三省总督吉林巡抚文

宣统元年二月十二日

為將義倉公田地
畝查明呈覆
總督鑒核由

奏派護理伯都訥副都統印務花翎協領王

奉

二月 十二

日

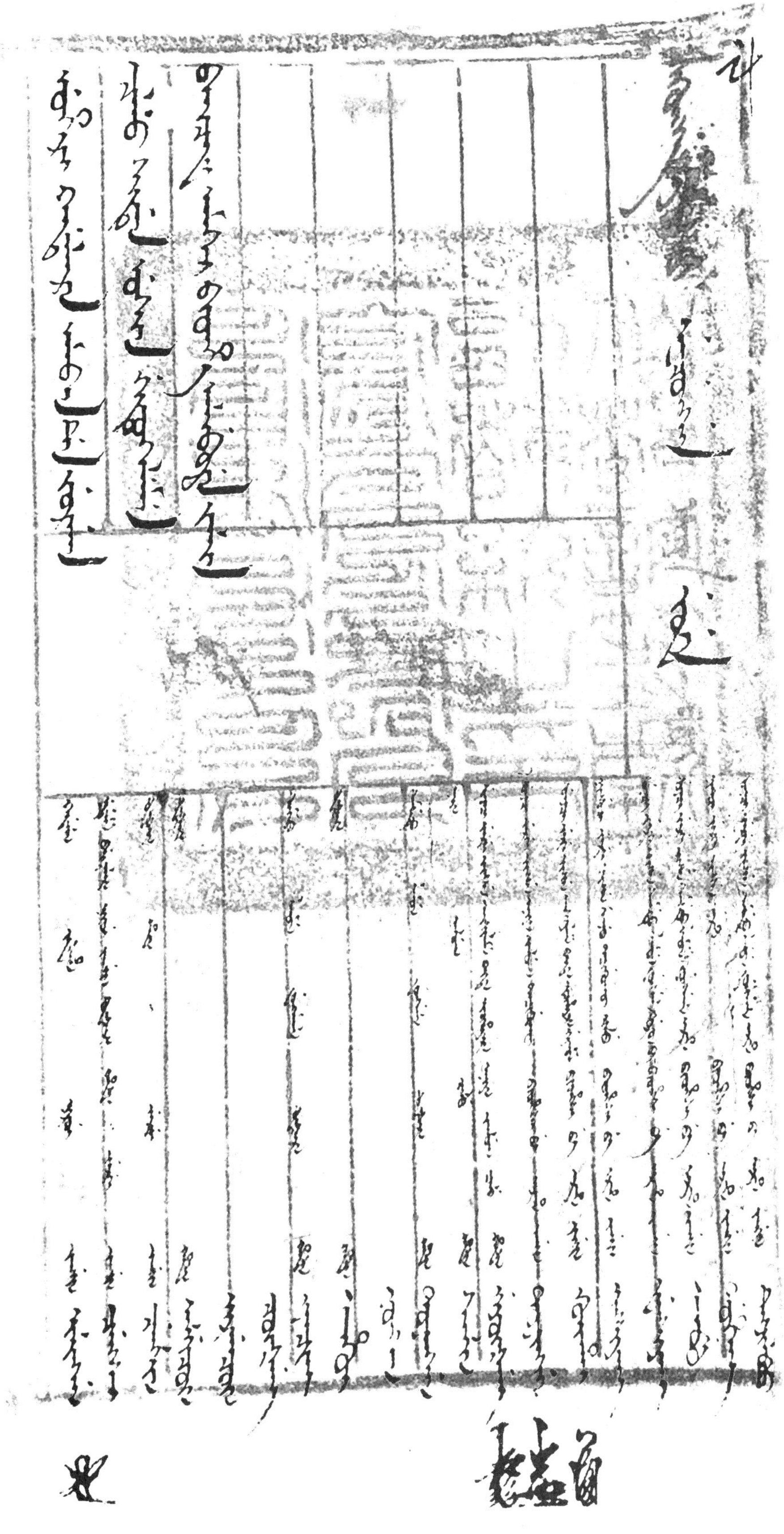

右司　呈

為呈覆事茲准

督撫憲徐陳咨開勸業道案呈除原文㡳敘外查

該衙門義倉公田地前於光緒二十四年原領之

時是否公中備價承領僅招私佃開墾按年

交納私租若干官租由官中交納抑係放給

民戶由民戶自行備價承領按年由該民戶

自納大小官租錢六百六十文以外再交納義
倉私租若干原領印照係由何署何局發
給照內係註何人姓名並歸何人執據均無案可
稽應令逐一詳細查覆以憑核奪等因准此詳
查此項荒地、前於光緒二十四年間、八旗兵丁以義
倉初設之時、原無撥給地畝、按年應上義倉
額糧、均由兵等歲得餉銀攤買上倉、實係苦

累難堪、懇蒙署副都統保請將於同治九
年間、經前將軍富
奏
准訥屬松花江南岸北下坎小河迤南拋棄
游民私墾地畝、留作八旗旗屯樵牧荒地情
願認領、照章交納荒價、作為敝署義倉公田、
屆限升科、所得租糧內、撥除歲納官租之外、餘為
津貼兵丁買交義倉額谷之用等情、咨蒙前

將軍延倘准、飭派五品頂戴候選訓導和春、
於是年冬月來訥、抵至荒所、自六家子屯起、
至依爾丹屯迤西、揀其膏阜可墾毛荒勘
放共計一仟一百三十一垧三畝、又丈出班德什屯
廟產旗人招佃私墾成熟地一百零五垧、一併撥
給訥署八旗兵等承領、當經委員僅止發給將
軍衙門印照五張、係註八旗名目、存署備案、惟以省員

和春勘放荒地、時值隆冬、界堆挖立非易、故未
挨名按段分清界限、迨至次年春間、經敝署
嵩都護派委防禦群祿往赴荒所、按照承領
此項地畝旗佃五十六名、按名挨段分清界限、挨名
換發敝署執照、持據、共計勘撥分領熟地一百
零五垧、毛荒一仟一百三十一垧三畝、按照放荒章
程、扣歸七成納租、實地七百九十一垧九畝七分、二共

納租寔地八百九十六垧九畝一分、嗣於三十年間、奉
文清釐旗地時、即將此項地畝、復行派員丈出
浮多地五百四十垧零二畝、併分晰造具佃户花名、地畝
垧数清册、咨報在案、其浮多地租竟報蒙
覆准、撥歸旗署學堂常年經費、所有此
項義倉公田、計自二十九年升科之年起、按
年每垧徵收租粮六斗、按照訥市粮價公平

折錢、除交歲納正賦大小租錢六百六十文、餘為津貼衆兵年例應上義倉額谷之需、至此地應交荒價、係經前司局按照定章、核擬熟地一百零五垧、每垧交荒價錢七吊九百八十文、毛荒一仟一百三十一垧三畝、每垧交荒價錢三吊九百九十文、共生熟地價錢五仟三百五十一吊七百八十八文、彼因此項荒價、兵力一時難以措交、故而權由庫存抵餉大租銀兩項下、提借銀

二仟四百兩、易錢墊交、於二十四年十二月十八日、飭派
委參領巴英額鮮省呈交在案、所借荒價銀
兩、擬俟兵力稍紓、即行歸還、無如該兵等自遭
庚子變亂、復罹寇擾之慘、兵丁困苦異常、寔
係無力歸補、又以奉文咨將各城義倉額谷、
奏奉部覆准、令通省一律豁除、於是請將所墊荒價
銀二仟四百兩、擬令各佃按照原領毛荒、攤交歸還

庫款地為佃業、摟年交納大小租錢六百六十
文等情咨報去後、旋於本年五月二十二日奉文
咨示此項升科之地、現既由佃納價歸為己產、報
由荒務總局照章辦理在案、惟查前蒙委員劃
撥旗民兩署學堂荒地時、竟將早交過荒價
業已升科納租義倉公田額地六百五十八垧二畝四分、蘢
統劃撥歸作兩署學田、反將兩學原請之浮多餘地

四百二十七垧、並減佃水塘之生荒地三百十九垧三畝、撥作義倉
公田、納租正賦之地、淨剩納租義倉額地四百九十垧，而所
撥減佃水塘之生荒三百十九垧三畝、無人認領，弗能就可起租，以
致虧短早年交過荒價已經納租之義倉公
田、正賦額地、無可處置、曾經報請究應如何酌
核、將其價領納租之原地可歸足額、而免正供
租賦虧累，亦在案。今奉咨查前因、謹將敝署

八旗兵丁等於光緒二十四年間原領義倉公田地畝各緣由、逐細遵咨查明呈覆等情相應備文呈報

吉林公署
欽差督憲徐
欽命撫憲陳
鑒核謹請速示遵辦施行須至呈者

右　　　　呈

吉林公署

欽

吉林公署

差大臣陸軍部尚書銜都察院都御史東三省總督兼管三省將軍事務徐

命副都統銜　賞戴花翎　署理吉林巡撫部院陳

雲騎尉春　陛對

宣統元年二月　日

委筆帖式寶琳寫

13 伯都讷副都统为勘明绘图义仓公田地亩事札饬特派云骑尉托璋阿文

宣统元年四月一日

為將由義倉公田內除劃撥旗民
兩署學田之外尚賸公田垧数逐
細勘明繪圖稟覆之處札飭特
派雲騎尉托墇阿遵照由

奏派護理伯都訥副都統印務花翎協領王

年四月初一

發

初一日

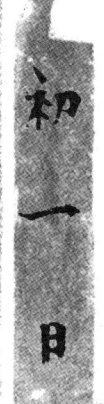

右司　呈

為呈請札飭遵照事案查本衙門前領屬界北
下坎自六家子屯東起至仲士屯下坎西站界東邊
上義倉公田原領毛荒一千一百三十一垧三畝後又丈出展
墾浮多地五百四十垧零二六畝又班德什下坎廟會熟
地一百零五垧三共地一千七百七十六垧五畝除廟會熟
地不扣外所領生荒統共扣成納租地一千二百七十五垧

零五畝曾於去歲經省派委員德克吉納降甘霖等
劃撥班得什依爾丹二屯義倉公田連浮多撓雜
措歸旗民兩署學田地外淨賸原額公田實地
六百七十五垧二畝七分核計尚虧公田額地二百二
十一垧六畝四分八厘計應核毛荒三百一十六垧六畝四
分據委員所撥將其所虧之荒即由東界餘荒
內揀其可墾者勘放倘或東界不能揀墾即由

西界劃出餘荒内勘放附近佃户承領以便歸
補公田原額之数等情呈報
吉林督撫憲徐陳查核在案今查北下坎義倉公田六
家子土木街榆樹屯仲仕屯等處共賸扣成公田
熟地若干是否與原額足数逐細勘明按照某
佃承種若干自應復行勘明繪圖造册一併呈遞
再行核辦之處相應備文札飭特派雲騎尉

托璋阿遵照速即馳赴荒所挨段勘丈明確
造册會圖禀覆到日再行核辦勿違可也須至札者
右札特派雲騎尉托璋阿准此
雲騎尉春　陞對
宣統元年四月　日

委筆帖式英顯寫

14 云骑尉托璋阿等为勘丈义仓公田地亩清册绘图事呈伯都讷副都统文

宣统元年五月三日

1-413

署

五月

畫

日

遞

初三日

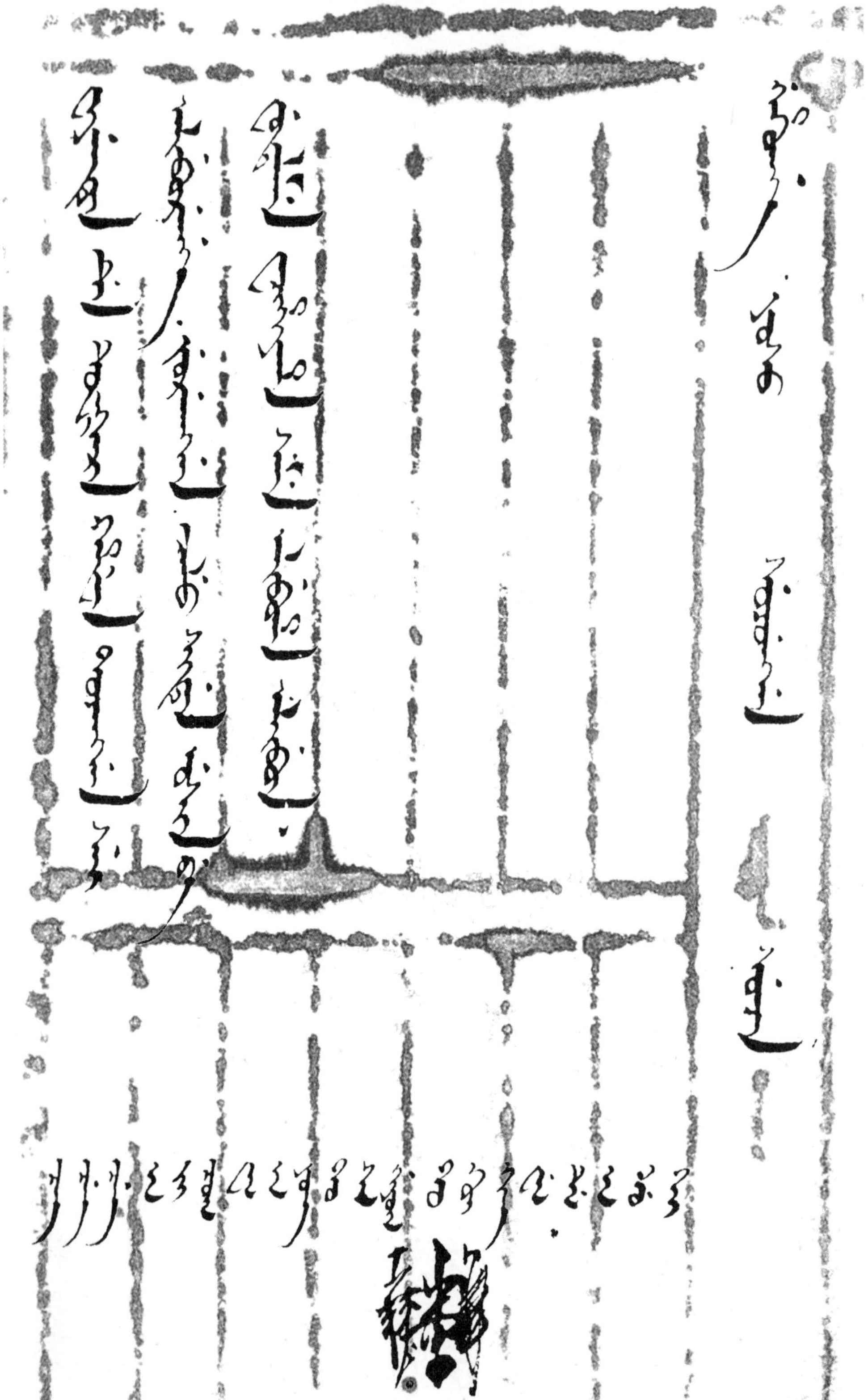

稟

冊

雲騎尉托璋阿
委筆帖式常慶 等謹

稟

大司案下敬稟者竊職等奉飭勘丈義倉公田地畝當即抵屯

由大派家子下坎勘至土木街西旗署學田東界邉止共勘得墾
成熟地九百零七垧六畝三分又由榆樹屯下坎府署學田西界
邉起勘至查哈爾下坎站界邉止共勘得墾成熟地一百七十三垧
三畝五分二共熟地一仟零八十垧零九畝八分繪成草圖一紙造
具清册一本附稟呈
閲伏乞
鑒核轉呈

憲鑒施行

計稟呈

草圖一紙

清冊一本

宣統元年四月日

15

伯都讷副都统为将挑妥之兵交付来员启程赴营送讫事咨吉林全省旗务处文

宣统元年六月七日

為將挑妥之兵點交來員
領回本營之處咨覆
旗務處查照由

奏派護理副都統印務協領玉

六月

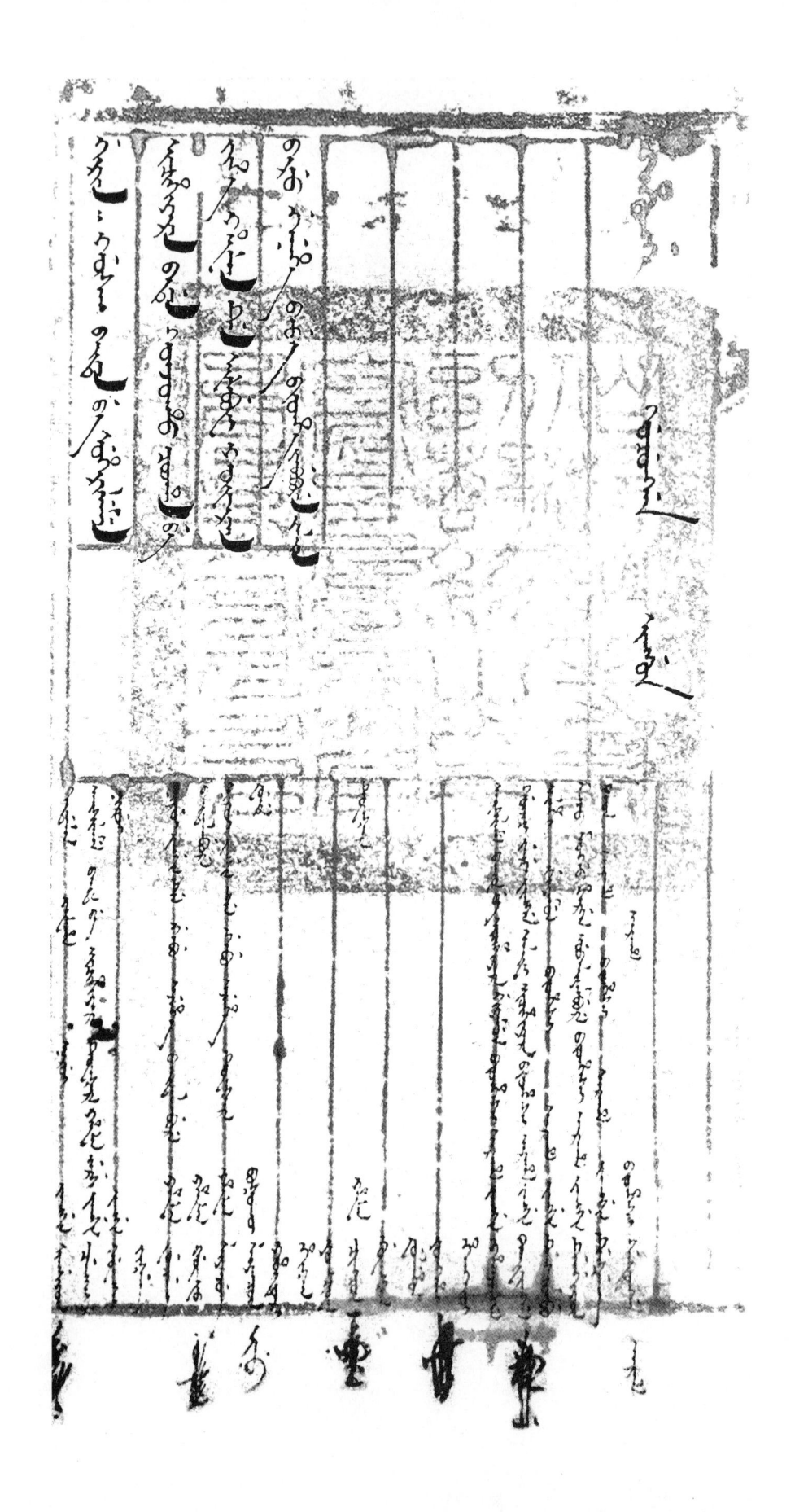

左司　呈

為咨送事。於宣統元年三月二十一日准

吉林全省旗務處咨開：軍衡科案呈，本年三月初八奉

憲札開：案據駐吉兵備處詳稱：竊前奉憲台面諭，

以陸軍各營目兵缺額，應由本省土著旗民並選，飭

即擬覆稟候核辦等因。嗣准奉天兵備處照會內開：

案查徵募旗兵辦法，業經呈蒙

帥憲札飭旗務司分别咨行在案茲准第三鎮曹統制來函
以步馬砲工輜各營急需添募新兵一千七百餘名查該鎮
轉瞬又將退伍總共約需徵募二千餘名俾資備補除咨
會吉林旗務處查照辦理外相應照會貴分處迅即商同旗
務處直接辦理等因查吉林陸軍一協目兵缺額向由旗
務處酌定某城某旗各挑若干並寬備若干詳請
督撫憲咨札各城營旗先期傳備開具名冊聽候挑選歷辦有

案現在既由旗民並徵擬請援照前次孟督辦稟准徵募
巡防備補隊成案而畧加變通查吉林陸軍一協現共缺額
五百七十餘名第三鎮二千餘名合共均在二千六百名之譜擬
請札飭旗務處並各城旗營暨省垣附近各府縣地方官查
照後開辦法代為後募一俟集有成數即先行知會兵備處
轉知各該鎮協派員前往驗帶以資訓練所有遵諭擬
訂旗民並徵辦法十條是否有當理合一併繕單詳請憲

台鑒核伏候批示遵行計詳送清摺一扣等情據此除批查
駐吉第三鎮各營缺額二千餘名前准
奉天公署咨送徵兵辦法業經分行民政司旗務處會同
該處出示勸徵在案兹據詳稱吉省陸軍一協亦有缺額
五百七十餘名之多連同第三鎮缺額計需二千六百名自
應一併徵募以資訓練所擬旗民並徵章程十條核奉
省所咨辦法大致相同似可參酌並用惟第二三四各條摺

有不妥現經分別簽改候再擬粘分行查照併案辦理仰
即知照繳簽改各條擬發摺等因印發并分行外合即抄粘
札行札到該處即便查照併案辦理毋延此札計粘單
內開旗務處奉到
督撫憲徵兵行知應即出示勸徵並查向章酌定某城某旗
各挑若干分別移行各城旗傳備侯徵有成數即由各
城旗呈報旗務處移知兵備處轉飭各營派員驗帶等因

奉此查第三鎮各營缺額二千餘名前奉文擬由旗民併徵
已經通行知照在案茲又奉文吉省陸軍一協亦有缺額五百七十
餘名連同第三鎮缺額共二千六百名一並徵募自應遵照辦
理當經本處檢查去歲各城旗查報存營兵丁數目分晰業
城旗應挑若干應即赶緊傳偹齊楚先行見覆
以便轉移兵偹處派員前往驗挑以重軍事除
會同兵偹處出示曉諭並分行外相應鈔粘數

自咨行為此合咨貴副都統衙門請煩查照辦
理粘單內云伯都訥應挑兵丁三百名可也等
因准此當即札飭各旗即將合格兵丁照數傳齊
聽候挑選去後復據陸軍第九標第一營左隊
排長葛得山後隊排長徐得勝等來訥當即
會同由各旗挑妥合格甲兵七十八名並令造具
年歲箕斗三代細冊一本已於五月二十八日

點交排長葛得山等收領起程赴營去訖合
將挑妥合格甲兵旗佐花名年歲箕斗三代
造具印册一本附封備文咨送為此合咨
貴旗務處查照施行
右
咨

吉林全省旗務處

宣統元年六月　日

雲騎尉廣山對

委筆帖式色克通阿寫

冊　底

謹將伯都訥挑送陸軍兵等旗佐花名年歲三代

逐一分晰造送冊籍事

計開

廂黃旗德英阿佐領下

披甲成川順　年二十八歲左右斗一無　曾祖薄凌阿祖父圖木魯父喜春

、瑞山　年二十五歲左右斗二無　曾祖蘇胡訥祖父吳凌阿父成貴

保符 年二十三歲 左右斗全箕
曾祖福壽 祖父貴當阿 父百順

富春 年二十四歲 左右全無
曾祖常明 祖父慶順 父滿犀

文喜 年二十三歲 左斗五 右斗四
曾祖特色佈 祖父明山 父巴英阿

英魁 年二十歲 左斗四 右斗無
曾祖德凌阿 祖父德全 父瑞林

德昌 年二十一歲 左斗五 右斗四
曾祖明山 祖父來保 父貴祥

金通阿 年二十歲 左斗一 右斗一
曾祖九成 祖父色克通阿 父富陞

金和 年二十七歲 左斗無 右斗一
曾祖鉄保 祖父德勝保 父图尚阿

正黄旗貴順佐領下

披甲慶祥 年二十九歲左手二 右手四 曾祖圖清額祖父察隆阿父保林

一連陞 年二十九歲左手一 右手二 曾祖豐紳保祖父九成父永喜

恩喜 年二十二歲左手二 右手壹 曾祖來德祖父金和父富順

金陞 年二十七歲左手三 右手三 曾祖德楞阿祖父喜常阿父增祿

正白旗德貴佐領下

披甲富永阿 年二十八歲左手一 右手三 曾祖蘇青阿祖父特松阿父依順

年二十七歲左手[illegible]

、保慶年二十七歲左右斗俱無
曾祖色奇音保祖父博青阿父順德

、海貴年二十三歲左斗三右斗一
曾祖扎隆阿祖父富明阿父根成

、海春年三十歲左右斗俱無
曾祖豐紳保祖父克興額父富珠隆阿

、連瑞年二十六歲左斗四右斗四
曾祖六常祖父依順父博音倉

、富有年二十二歲左斗三右斗三
曾祖巴郎阿祖父博忠阿父和順

蒙古正白旗吉陞佐領下

披甲永順年二十七歲左斗四右斗四
曾祖拉巴主祖父扎林太父喜倫達巴

英喜 年二十六歲 左斗五 右斗三 曾祖翁哈拉 祖父依林 父巴拉吉

慶祿 年二十四歲 左斗三 右斗三 曾祖財訥 祖父拖都力海 父德豐阿

富亮 年二十歲 左斗一 右斗二 曾祖豐沉保 祖父烏淩阿 父達林太

常有 年二十四歲 左斗三 右斗三 曾祖巴音保 祖父長吉保 父春亮

蒙古正白旗英俊佐領下

披甲扎拉倉 年二十六歲 左斗三 右斗四 曾祖佈多來 祖父依常阿 父富順

永福 年二十一歲 左斗二 右斗五 曾祖和興額 祖父查淩阿 父鐵順

、富　林　年十七歲　左手四　右手五
曾祖吉爾哎郎　祖父阿淩阿　父字保

、魁　福　年二十歲　左手一　右手五
曾祖平安　祖父喜木德　父長明

、丹　巴　年二十二歲　左手五　右手五
曾祖巴達　祖父和奇克吐　父富亮阿

正紅旗和連佐領下

披甲

、富　陞　阿　年二十八歲　左手二　右手一
曾祖富順　祖父依克坦佈　父德山

、成　海　年二十三歲　左手二　右手三
曾祖晗音保　祖父伯英阿　父六順

、雙　喜　年二十七歲　左手一　右手二
曾祖阿林太　祖父明保　父永順

占和 年十七歲 左斗四 右四 曾祖音德佈 祖父連順 父托克通納

成貴 年二十一歲 左斗三 右四 曾祖六符 祖父圖明阿 父西良阿

永山 年二十五歲 左斗四 右二 曾祖沙勒巴 祖父九成 父喜成

廂白旗倭克吉哩佐領下

披甲

德喜 年二十五歲 左斗三 右二 曾祖喜凌阿 祖父和郎阿 父富春

英祥 年十八歲 左斗二 右一 曾祖色克通阿 祖父依克錦保 父來柱

富慶 年二十五歲 左斗三 右一 曾祖富隆阿 祖父巴壽 父額楞額

二十四歲左 一二

根　羣　年二十四歲　左二　右斗二
曾祖舒明阿　祖父常順　父全德

廂紅旗德亮佐領下

披甲喜　成　阿　年二十五歲　左四　右斗三
曾祖蘇成　祖父六達　父富順

慶　和　年二十三歲　左二　右斗三
曾祖喜凌保　祖父嘎拉吉　父全德

永　山　年二十五歲　左二　右斗四
曾祖凄勝保　祖父金山　父連陞

勇　智　年二十八歲　左無　右斗一
曾祖巴色思保　祖父富珠哩　父春陞

富　榮　年二十五歲　左右斗俱無
曾祖美楞額　祖父依勒格春　父恒符

〃萬陞 年二十一歲 左斗二 右斗二 曾祖滿平 祖父成德 父永和

〃恩齡 年二十五歲 左斗一 右斗一 曾祖陞明阿 祖父全喜 父德祥

〃保貴 年二十一歲 左右斗俱無 曾祖慶福 祖父奇山 父永羣

〃常山 年二十二歲 左斗四 右斗四 曾祖阿克東阿 祖父阿芳阿 父連順

〃常海 年二十一歲 左斗二 右斗三 曾祖豐陞阿 祖父霍陞額 父全陞

〃鳳麟 年二十四歲 左斗三 右斗二 曾祖司銀 祖父田喜 父世慶

〃魁符 年十八歲 左斗五 右斗四 曾祖法哈那 祖父阿凌阿 父富陞

正藍旗雙喜佐領下

披甲魁成 年十九歲 左右斗俱無 曾祖佈庫奇禮 祖父胡松阿 父永海

〃全升 年二十五歲 左斗四 右斗二 曾祖喜常阿 祖父蘇隆阿 父音德

〃慶升 年二十五歲 左斗二 右斗三 曾祖訥依綳額 祖父和順 父喜通阿

〃常升 年十八歲 左斗一 右斗二 曾祖富勒登額 祖父豐陞額 父雙喜

〃富山 年十八歲 左斗四 右斗三 曾祖舒明阿 祖父巴勒精阿 父烏喜

〃富升 年二十五歲 左斗三 右斗二 曾祖普薩保 祖父英林 父來順

正藍旗依凌阿佐領下

披甲常海 年二十五歲 左斗四 右斗五 曾祖富林祖父色克通阿父永亮

勝魁 年二十八歲 左斗無 右斗一 曾祖富勒山保祖父德楞額父晗巴

慶瑞 年二十二歲 左斗四 右斗四 曾祖雙全祖父書根父富壽

永德 年二十五歲 左斗三 右斗五 曾祖書隆額祖父趙銘父慶石保

永祿 年二十六歲 左斗二 右斗一 曾祖德壽祖父雙連父富忠阿

海昌阿 年二十一歲 左斗一 右斗一 曾祖雙保祖父吉勒通阿父永和

連武 年二十一歲 左手三右手三
曾祖明福 祖父依凌阿 父佟鎖

海山 年二十五歲 左手一右手三
曾祖圖明阿 祖父慶壽 父祥春

廂藍旗貴春佐領下

披甲

峻陞 年二十五歲 左右手無
曾祖哲勒胡勒 祖父烏明 父胡松額

保陞 年二十歲 左手一右手無
曾祖興凌保 祖父春陞 父德順

春海 年二十二歲 左手三右手四
曾祖勝林 祖父阿克丹佈 父德順

玉珩 年二十歲 左手二右手二
曾祖富明德 祖父常英 父崇興

〻德英阿 年二十三歲砝弓五 曾祖明德祖父常喜父春陞

〻德慶 年二十二歲砝弓無 曾祖額勒德山祖父德綳額父托克通阿

〻連有 年二十一歲砝弓十一 曾祖訥松額祖父烏凌阿父根達

喜全 年二十三歲砝弓五 曾祖依勒賡額祖父常亮父德祥

廂藍旗常林佐領下

披甲〻常山 年二十二歲砝弓十二 曾祖阿音保祖父忠保父成順

〻慶海 年十九歲砝弓無 曾祖西達喜祖父烏林父金祥

〃和連　年十八歲右左手三四　曾祖卡音保　祖父六山　父成順

〃榮全　年二十八歲右左手三五　曾祖巴森保　祖父富尼楊阿　父慶春

〃連貴　年二十八歲右左手三三　曾祖依凌阿　祖父烏陞　父五十六

共挑披甲七十八名

合格甲兵八十名於五月二十八日起程過江時有正藍旗双喜佐領下甲兵禄祥全旗依凌阿佐領下甲兵魁海落後未到隨即傳知該旗速趕緊傳護尾送有無護送另文咨報外其余甲兵七十八名點交排長噶得山等收領起程回營去訖合將挑妥合格甲兵七十八名旗佐花名年歲箕斗三代造具印冊一本附封備文咨送為此合咨

貴旗務處查照施行

16 伯都讷副都统为将挑妥之兵交付来员领回本营事咨复吉林全省旗务处文

宣统元年十月十四日

為將挑妥之兵點交來員
領回本營之處咨覆
旗務處查照由

十四

十四日

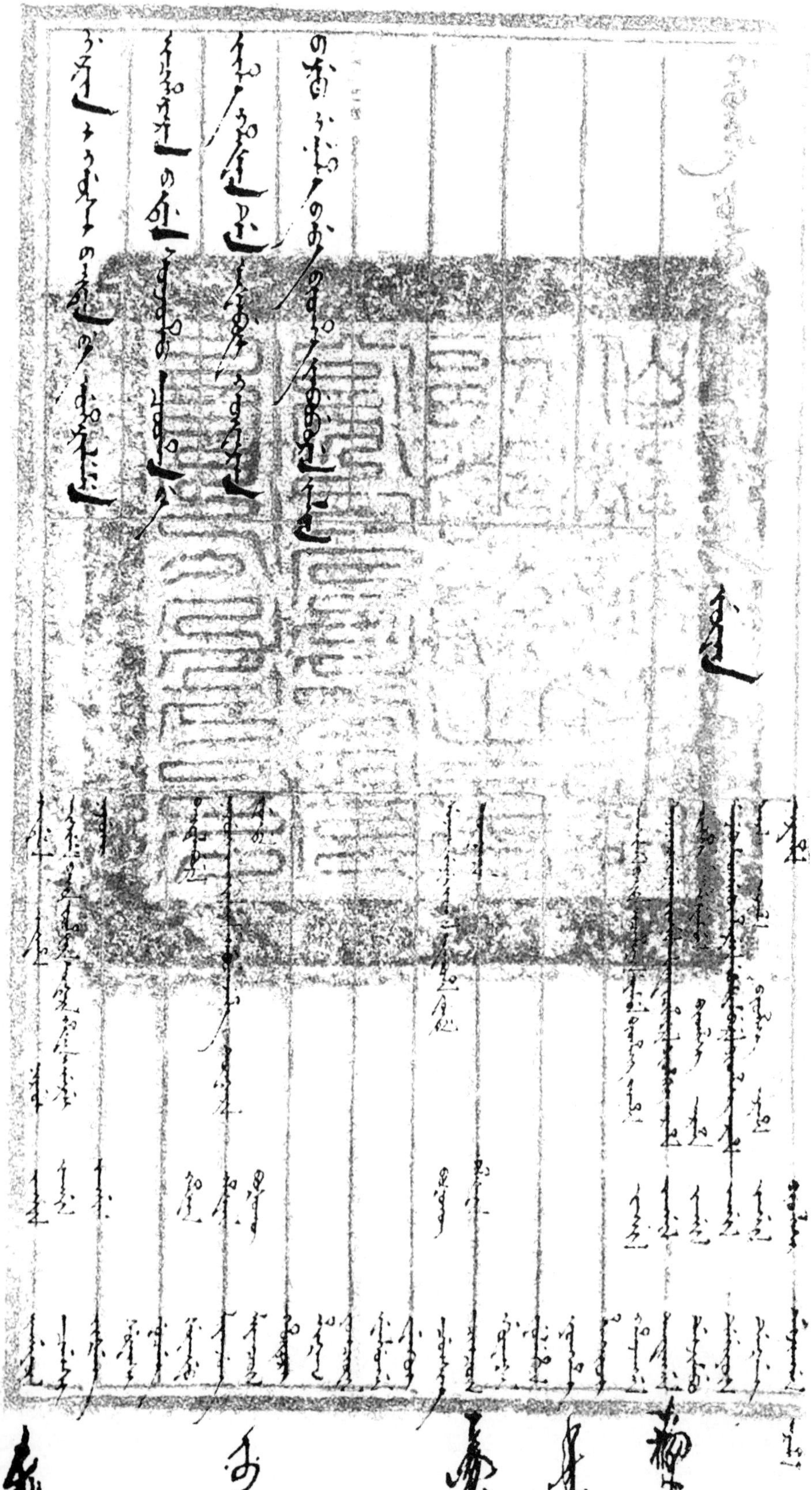

左司呈

為咨行事宣統元年九月十七日准
吉林全省旗務處咨文内開伯都訥應挑兵
丹一百五十名等因准此隨由各旗傳到甲兵
内揀挑年力精壯百名隨將電覆去後續
於十月十二日據陸軍第三鎮馬隊第三標
執事官王玉璋會同司員由各旗挑妥年

力精壯合格甲兵四十名造具年歲箕斗三
代細册一本已於十四日點交執事官王玉璋
帶領起程赴營去訖合將挑妥合格甲兵
旗佐花名年歲箕斗三代造具印册一本
附封倫文咨送為此合咨
貴旗務處查照施行
計咨送

右
印册一本
咨
吉林全省旗務處
雲騎尉銜玉對
宣統元年十月　日

委筆帖式德克精阿寫

冊底

謹將伯都訥挑送陸軍兵等旗佐花名年
歲箕斗三代逐一分晰造送冊籍事

計開

廂黃旗德英阿佐領下

披甲保成 年二十四歲砝斗無
曾祖富壽 祖父貴當阿 父百順

德慶 年二十三歲 右左斗無 曾祖牛虎 祖父隆德 父雙喜

和玉 年二十三歲 右左斗十三四 曾祖依欽保 祖父滿長 父成羣

喜榮阿 年二十四歲 右左斗四四 曾祖法克精阿 祖父成祿 父瑞海

正黃旗貴順佐領下

披甲錫銘 年二十九歲 右左斗十三 曾祖佛爾虎諾 祖父沙力把 父德慶阿

恩承 年二十五歲 右左斗十二 曾祖來德 祖父金和 父富順

正白旗富成佐領下

披甲、常永年二十八歲右手二無
曾祖依順祖父博和父新春
恩吉年十七歲右手一無
曾祖圖明阿祖父春山父文端
蒙古正白旗吉陞佐領下
披甲、華林佈年十九歲右手無
曾祖呇爾奇呇祖父富亮父法克精阿
、永祥年十八歲右手三四
曾祖韓喜祖父張子父富順
、常祥年二十歲右手四
曾祖西崙祖父喜成父恒德
、常和年二十一歲右手四五
曾祖阿揚阿祖父招凌阿父永德

、依隆阿 年十七歲右左手二無
曾祖英德祖父舒勒通阿父成全

蒙古正白旗英俊佐領下

披甲來順 年二十八歲右左手五四
曾祖來佈祖父雅佈阿父雅隆阿

根符 年二十歲右左手四三
曾祖恩祿祖父喜凌阿父烏勒吉

正紅旗和連佐領下

披甲萬陞 年十九歲右左手無
曾祖西凌阿祖父變福父文陞

、成有 年二十八歲右左手一二
曾祖富亮祖父塔清阿父正順

·德　貴　年二十八歲　砝五斗二
曾祖五十七　祖父阿勒錦佈　父吉隆阿

廂白旗蘊祥佐領下

拔甲春　德　年二十八歲　砝五斗四五
曾祖瑪勒洪阿　祖父富亮　父來順

和　祥　年二十八歲　砝五斗三
曾祖瑪勒　祖父色克通阿　父喜成

廂紅旗德亮佐領下

拔甲思勝　全　年二十一歲　砝五斗一　無
曾祖法哈那　祖父僧額　父春和

富　魁　年二十三歲　砝五斗一　無
曾祖蘇琿保　祖父博清阿　父吉勒慶阿

訥蘇肯　年十八歲砝斗四三
曾祖卓凌阿祖父富勒渾阿父春山
德五　年二十八歲砝斗四五
曾祖豐陞額祖父阿克敦父穆特佈
正藍旗雙喜佐領下
拔
甲富明阿　年二十六歲砝斗無
曾祖雙德祖父巴揚阿父德順
正藍旗依凌阿佐領下
拔
甲德隆阿　年二十九歲砝斗十二
曾祖凌什保祖父富明阿父明順
慶昌　年十九歲砝斗無
曾祖八十九祖父常德父富克精阿

恩祥 年二十四歲 砝手無 曾祖仲宫保 祖父祺當阿 父依吉斯洪阿

德明阿 年二十歲 砝手五四 曾祖常德 祖父台斐英阿 父慶安

勝福 年十六歲 砝手無 曾祖六十 祖父德得 父連順

常有 年十九歲 砝手無 曾祖德順 祖父古勒格 父烏勒滾太

永祥 年二十四歲 砝手一 曾祖依勒慶阿 祖父西全 父勝順

海玉 年二十五歲 砝手三四 曾祖嘎勒東阿 祖父春德 父成順

廂藍旗貴春佐領下

披甲祿祥 年二十六歲 砝五斗一 曾祖富春 祖父達洪阿 父成志

〃春喜 年二十五歲 砝斗無 曾祖色克金 祖父烏清阿 父隆德

〃富榮阿 年二十一歲 砝五斗無 曾祖依克錦佈 祖父奇福 父雙德

〃春吉 年十八歲 砝五斗二 曾祖福成 祖父九符 父全林

廂藍旗常林佐領下

披甲西常阿 年二十七歲 砝五斗五四 曾祖特克新 祖父豐陞額 父春陞

〃勝符 年二十二歲 砝斗一 曾祖依勒格圖 祖父都隆阿 父來順

慶海 年十九歲左（右）斗無
曾祖西達西祖父烏林父金祥

以上共挑𠬝甲兵四十名

第二编

17 伯都讷旗务处为报送因公差出署理旗佐官员衔名清册事呈吉林全省旗务处文

宣统二年一月十三日

為將因公差出署理旗佐官員銜名造册呈報

吉林旗務處由

行

正月十二日

宣統二年

行

十三日

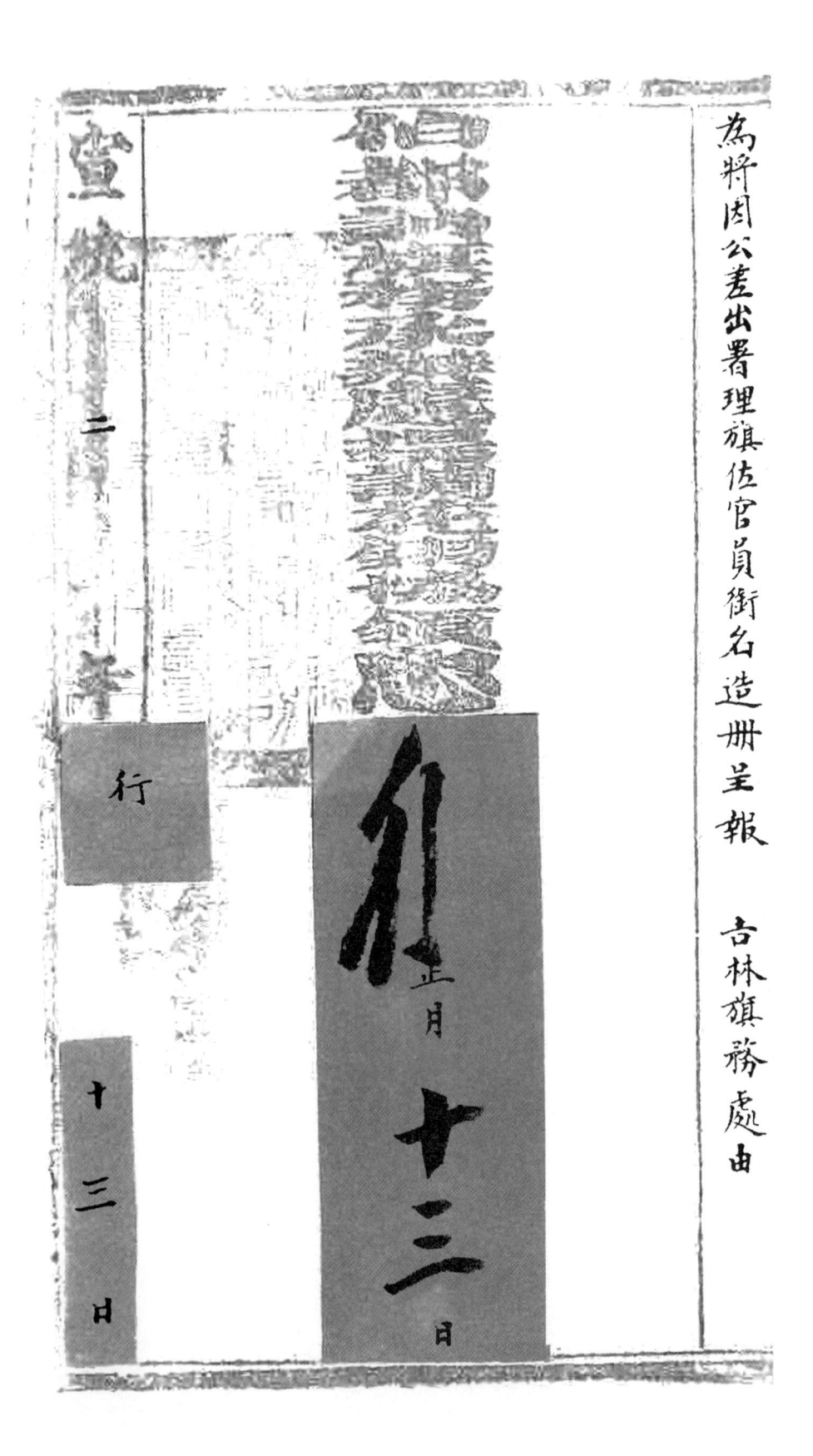

署理文牘庶務兩科科員文牘科書記長崇 興

文牘科書記長 監用關防 全 壽

庶務科書記 長西成阿 差

庶務科書記長監用關防 廉 澂

伯都訥旗務承辦處提調花翎協領忠　為
呈報事案查前副都統衙門接准
將軍衙門來咨遵奉部文第自宣統二年
春季起至夏季止此
二箇月內因公差
出佐領其鈐記派員署理合將該署理旗佐
官員銜名造冊附封呈送為此合呈
吉林全省旗務處鑒核施行須至呈者
計呈送

清册一本

右　呈

吉林全省旗務處

宣統二年五月十三日

冊底

伯都訥正藍旗佐領雙喜因派征津貼差出其

鈐記於客歲十月十八日當派本旗雲騎尉托章

阿署理撤其差使（呈報在案）該佐領雙喜現於本年四月初三日差竣旋回銷差（呈明接理）撤回鈐

記當日撤回

伯都訥廂藍旗佐領貴春留省膺差其鈐記

派雲騎尉慶春代理後因派征津貼差出其

鈐記於去歲十月十八日改派正白旗雲騎尉廣山
署理

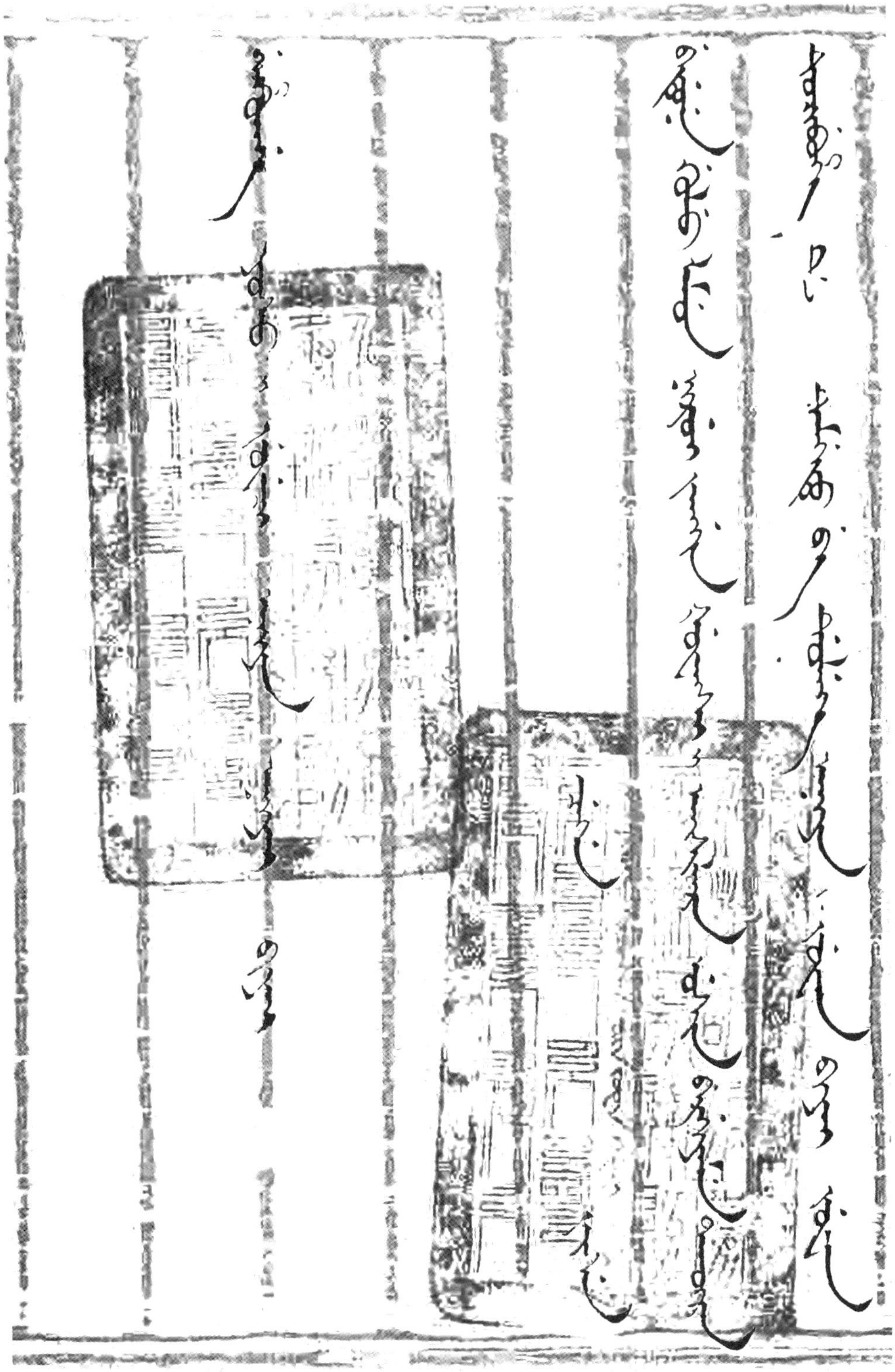

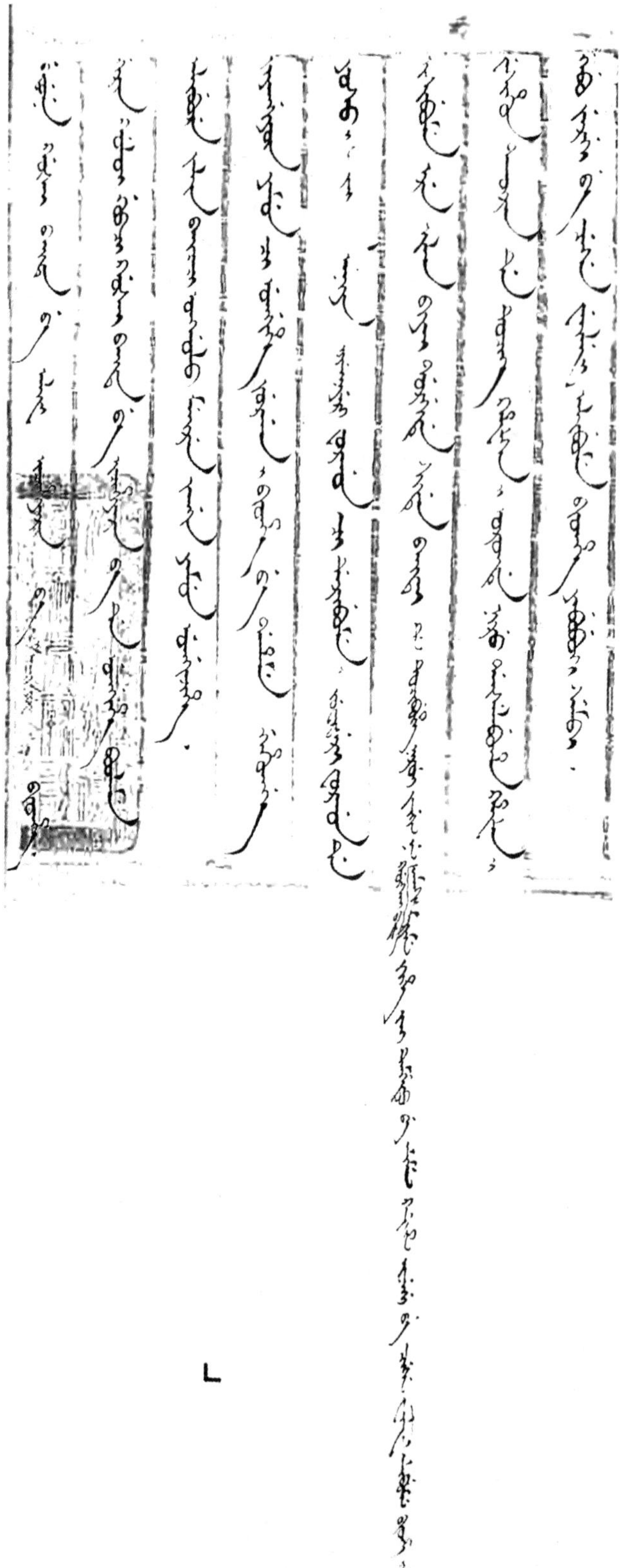

18

伯都讷旗务处为望祭长白山需用活兔事呈吉林全省旗务处文

宣统二年一月二十日

為將望祭　長白山需用活兎呈報　吉林旗務處由

二十　日

行

二十日

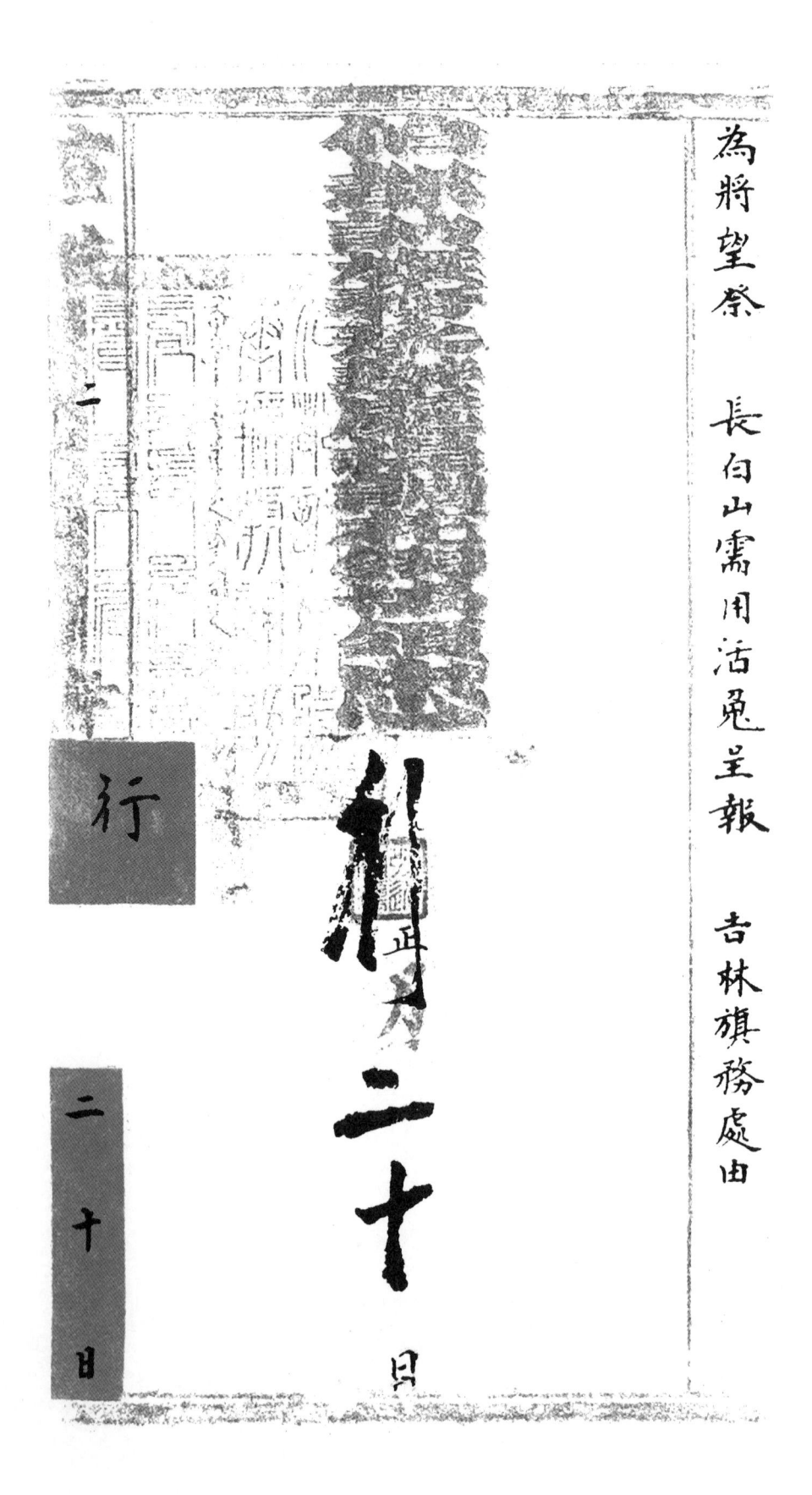

署理文牘庶務兩科科員文牘科書記長崇興

文牘科書記長監用關防全壽

庶務科書記長西成阿差

庶務科書記長監用關防庫徽

伯都訥旗務承辦處提調花翎協領忠　為
呈報事於本年春季望佘
長白山需用活兔當經職處出派官兵捕得活
兔四隻飭交領催委官興元佳送之處理合
具文呈送為此合呈
吉林全省旗務處鑒核查收施行須至呈者
右　　呈

吉林全省旗務處

宣統二年正月　日

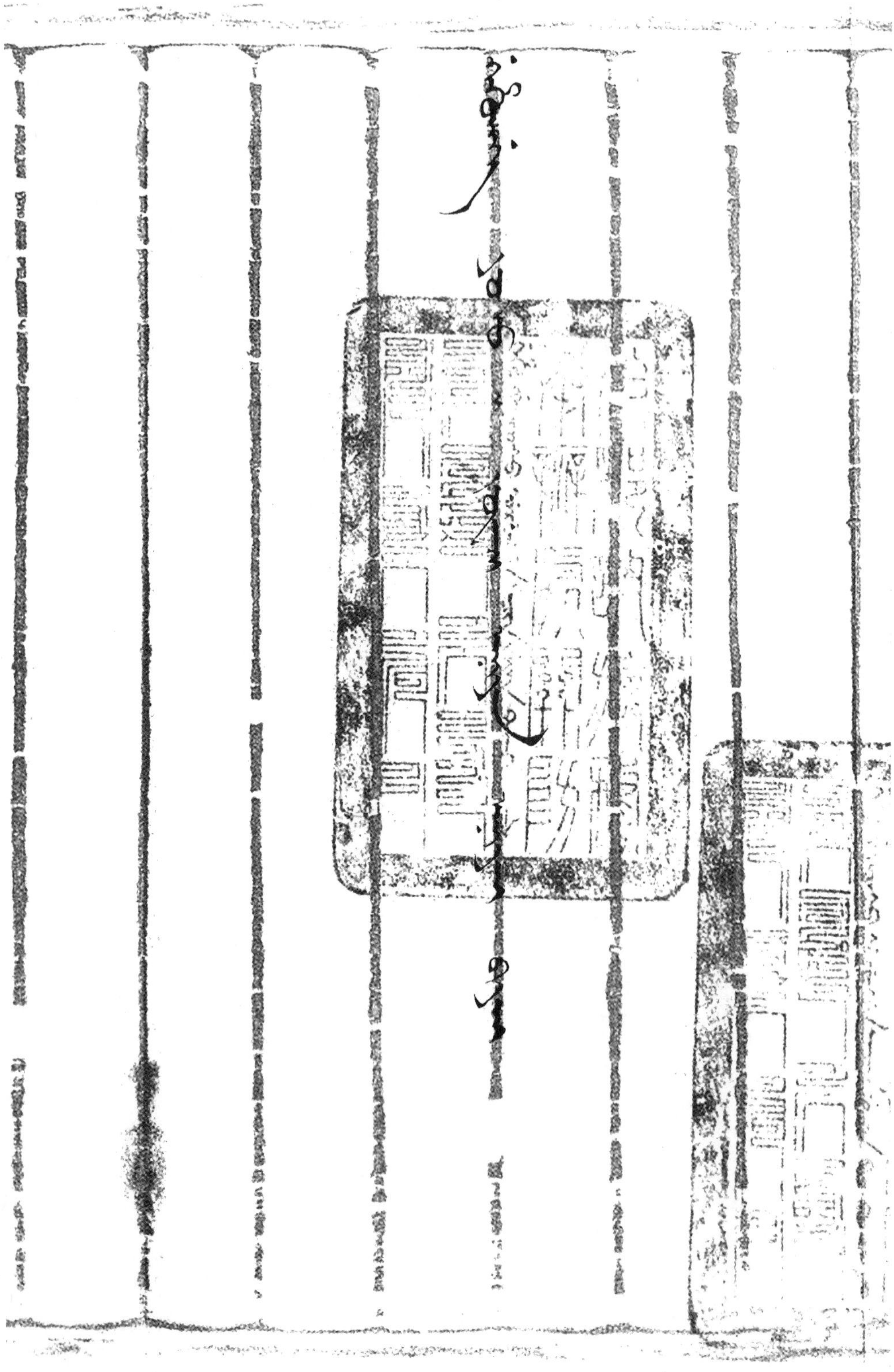

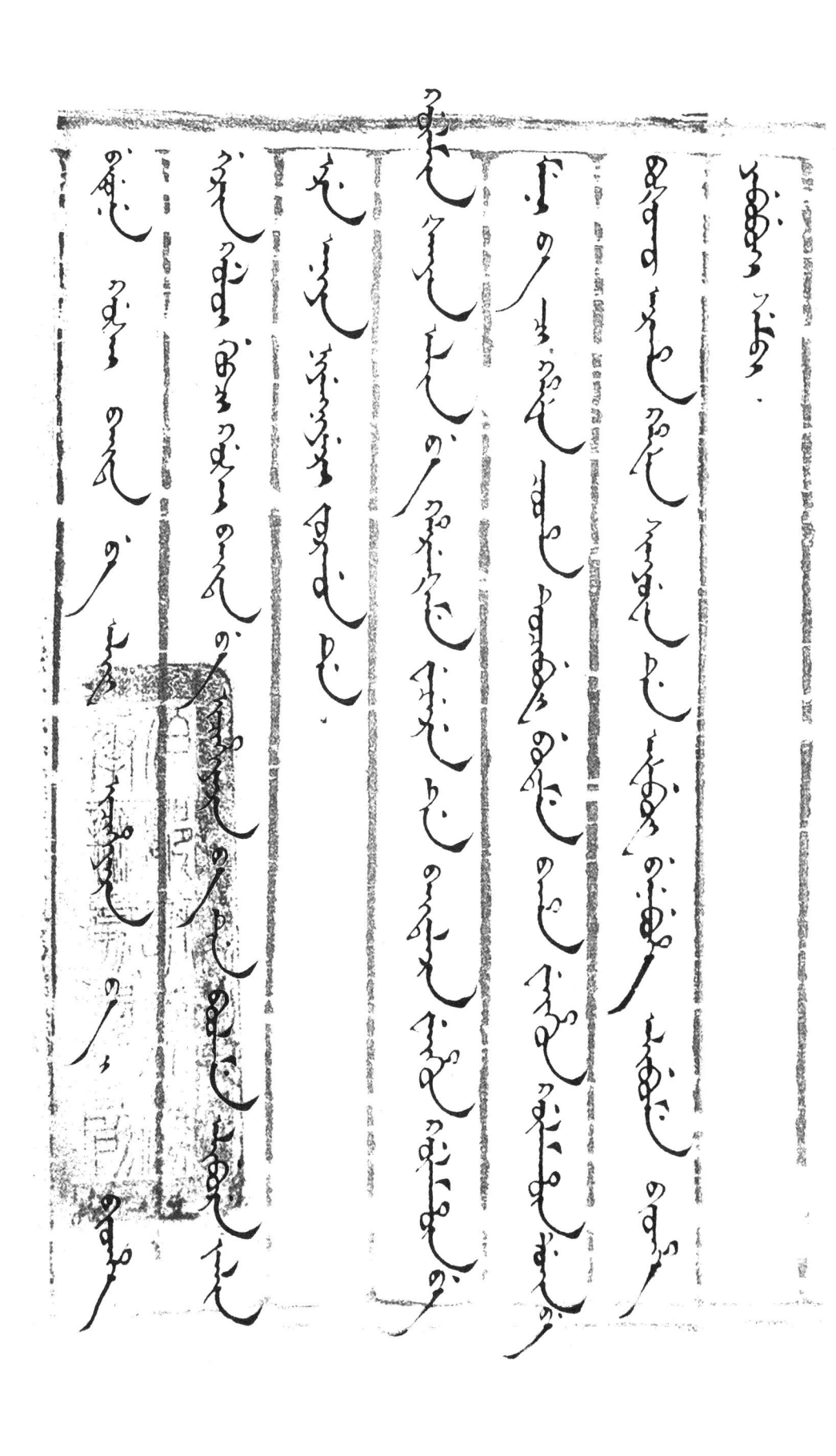

謹將望祭秋季

長白山需用祜克並將應派領催委官一名往省呈送之處伏乞

憲點施行

計開

廂藍二佐領催興元

廂藍頭佐領催成志

七月二十日

19 伯都讷旗务处为报送宣统元年两次恭逢恩诏应请封典武职各员衔名清册事呈吉林全省旗务处文

宣统二年一月二十二日

為將宣統元年兩次恭逢恩詔應請封典武職各員旗名姓氏造冊呈 旗務處由

[illegible]

宣統二年正月廿二日

行

二十二日

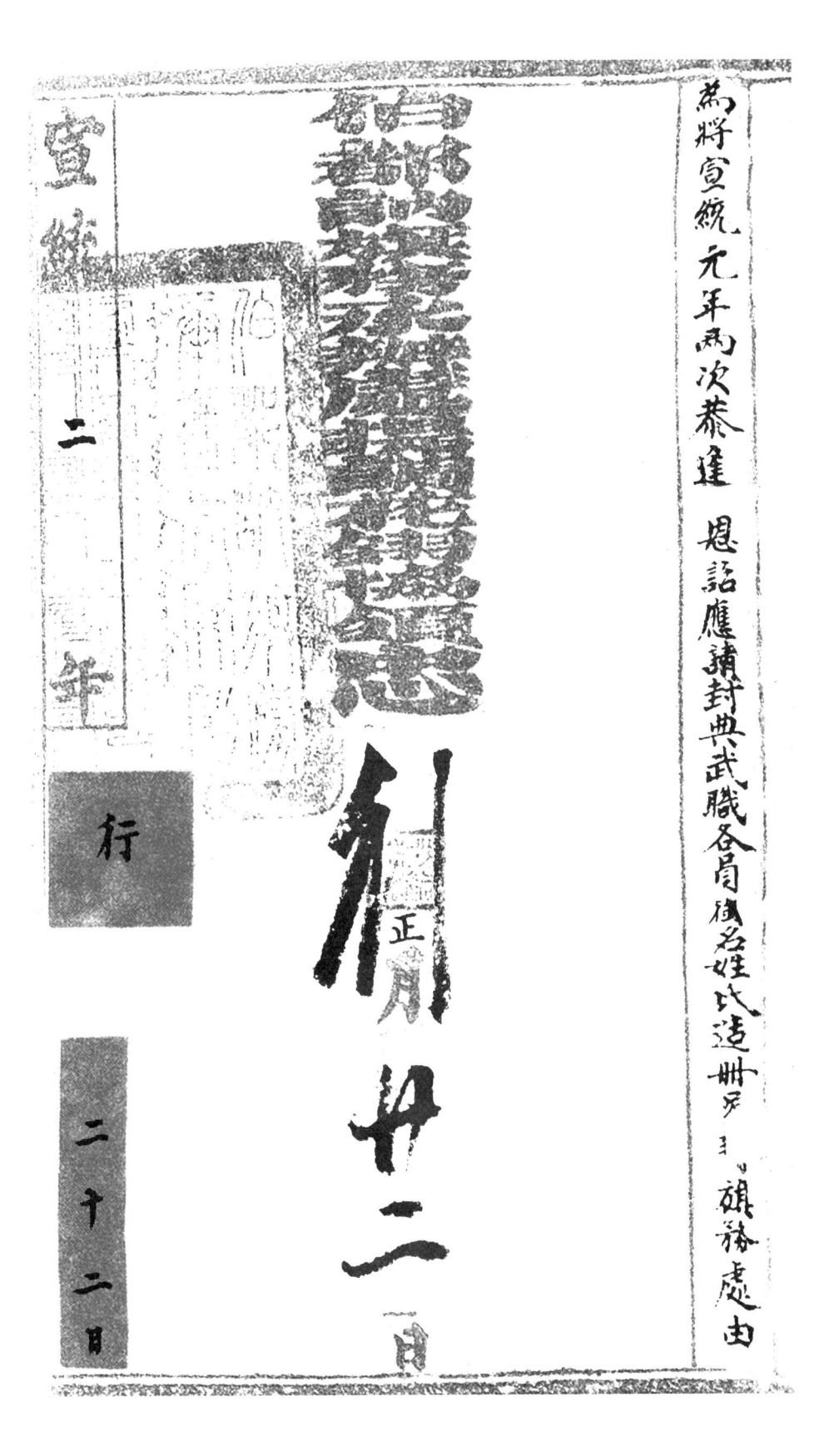

署文牘庶務兩科科員文牘科書記長崇　典

文牘科書記長監用關防全　壽

庶務科書記長西成門差

庶務科書記長監用關防廉　潋

伯都訥旗務承辦處提調花翎協領忠　為
造册呈送事案奉
吉林全省旗務處札開案准部文内開於宣統
元年十月初十日十一月初四日兩次恭逢
恩詔文武官員條款恭摺具
奏奉
旨依議欽此例印原奏咨行吉林巡撫遵照辦理可也

等因發交到處當於是年通行各處查報在
案事關部咨之件限期攸關未便久事延緩合
亟札飭札到該處即便遵照文内事理查明有
無請封人員務於明年正月二十日以前趕限呈
報毋再遲延可也特札等因奉此隨移左右
翼協領轉飭八旗十二佐趕限查報勿得遲延
去後旋准署左翼協領事務防禦成喜右翼

花翎協領忠　等移稱遵查各旗大小文武
官員內除應請光緒三十四年間大小各官封贈另
文呈請並前逢
恩詔已經請封者不計外僅將此二次恭逢
恩詔應請封典之廂白旗佐領蘊祥該員補放本處
佐領日期迄未奉准職處實難查報正藍旗防
欒春明係吉林原籍尚未到任其該員父名母妻

姓氏於冊內留空請為就近查明核辦其現在
任所之正白旗佐領富成等十一員父名母妻姓氏
遂一查明分別造具滿漢清冊一本並無重領
封贈之處一併具結轉遞等因前來復造清冊
一本仍加清字關防結一紙一併附封呈送為此合呈
吉林全省旗務處謹請核辦施行須至呈者
計呈送 滿漢清冊一本 清字關防結一紙

右　　　　　呈

吉林全省旗務處

宣統二年正月　日

冊底

伯都訥正白旗佐領富成初任騎都尉兼一雲騎尉於

宣統元年八月初二日補放佐領妻楊氏存父魁林

原係驍騎都尉殁母傅氏存

正白旗驍騎校魁福於宣統元年三月初二日
由前鋒補放驍騎校妻魯氏存父德亮
原係閑散母張氏 均歿

正白旗蒙古雲騎尉海明於宣統元年五月
二十三日承襲雲騎尉妻包氏存父亘順原係
閑散殁母韓氏存

正白旗蒙古驍騎校文魁於宣統元年七月初二日由領催補放驍騎校妻闞氏父德勝阿係領催母韓氏均存

正藍旗防禦春明初任雲騎尉於宣統元年

三月二十五日補放防禦妻　氏　父

母

正藍旗雲騎尉繼元於宣統元年五月二十三
日由西丹承襲雲騎尉妻劉氏存文富良阿原
係佐領歿毋吳氏歿

正黄旗雲騎尉恩齡於宣統元年五月二十
三日由西丹承襲雲騎尉妻張氏存 父萬增原
係雲騎尉 歿 母孟氏存

正黄旗雲騎尉恩貴於宣統元年五月二十
三日由西册承襲雲騎尉妻趙氏存父富順原係
雲騎尉殁母吴氏存

正黃旗驍騎校豐隆阿於宣統元年五月初八
日由前鋒補放驍騎校妻張氏存父祥明原
係驍騎校殁母張氏存

厢紅旗藍翎防禦壽山於光緒三十一年六月十
七日由筆帖式補放驍騎校宣統元年三月十九
日補放吉林滿洲厢紅旗防禦於是年十月初七
日與伯都訥厢紅旗防禦和平調轉本處妻武
氏存父永順原係閑散故母趙氏存

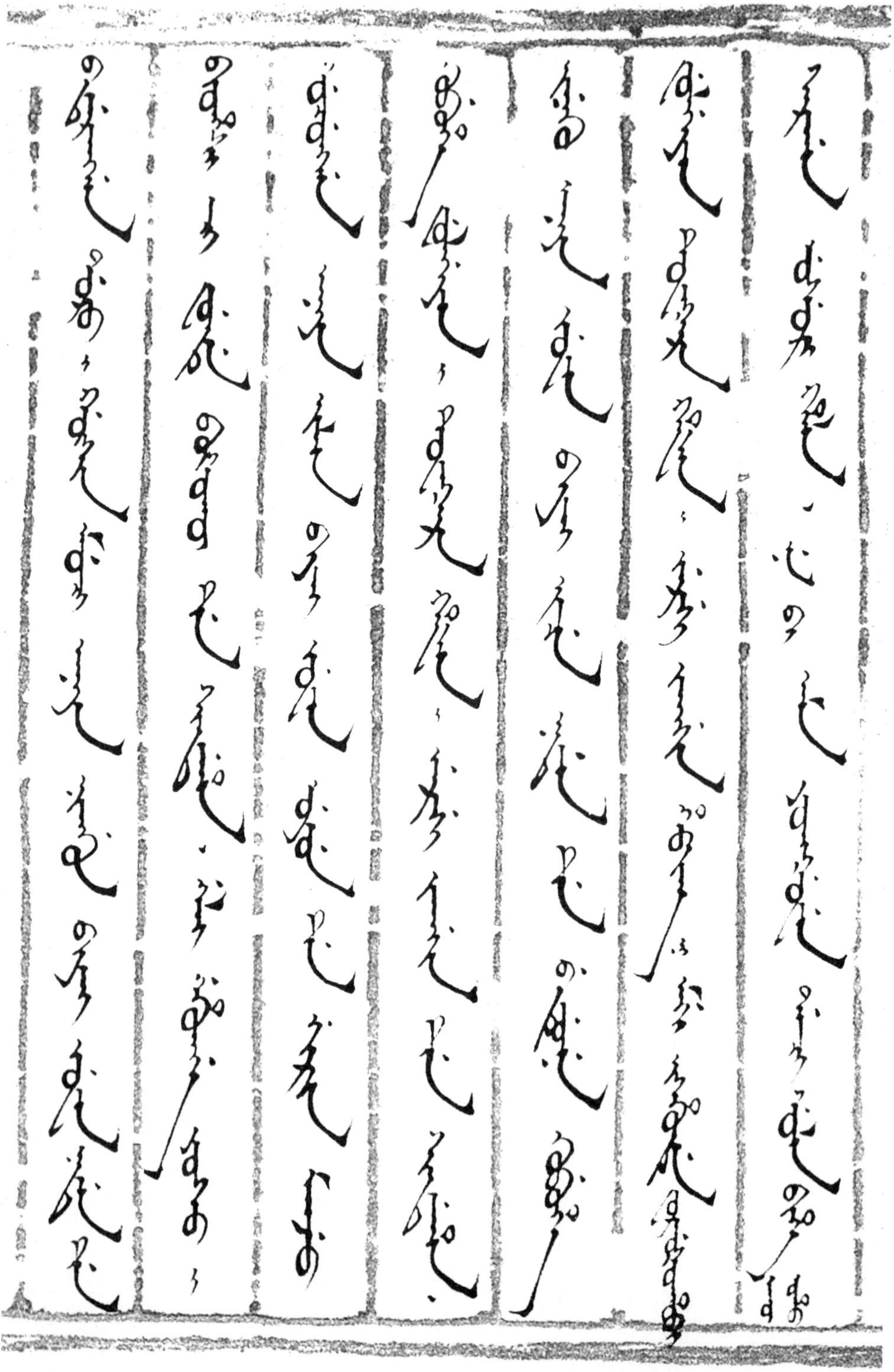

廂藍旗知府銜防禦瑚圖禮初任滿教習
改武於宣統元年閏二月初八日補放驍騎
校又於十月十六日補放防禦於是月二十日
由俊秀報捐監生加捐知府銜妻奚氏父
德成原係筆帖式毋伊氏均歿

厢藍旗藍翎驍騎校海瀓阿於宣統元年

五月初八日由前鋒補放驍騎校妻張氏存

父富貴原係協領母王氏均殁

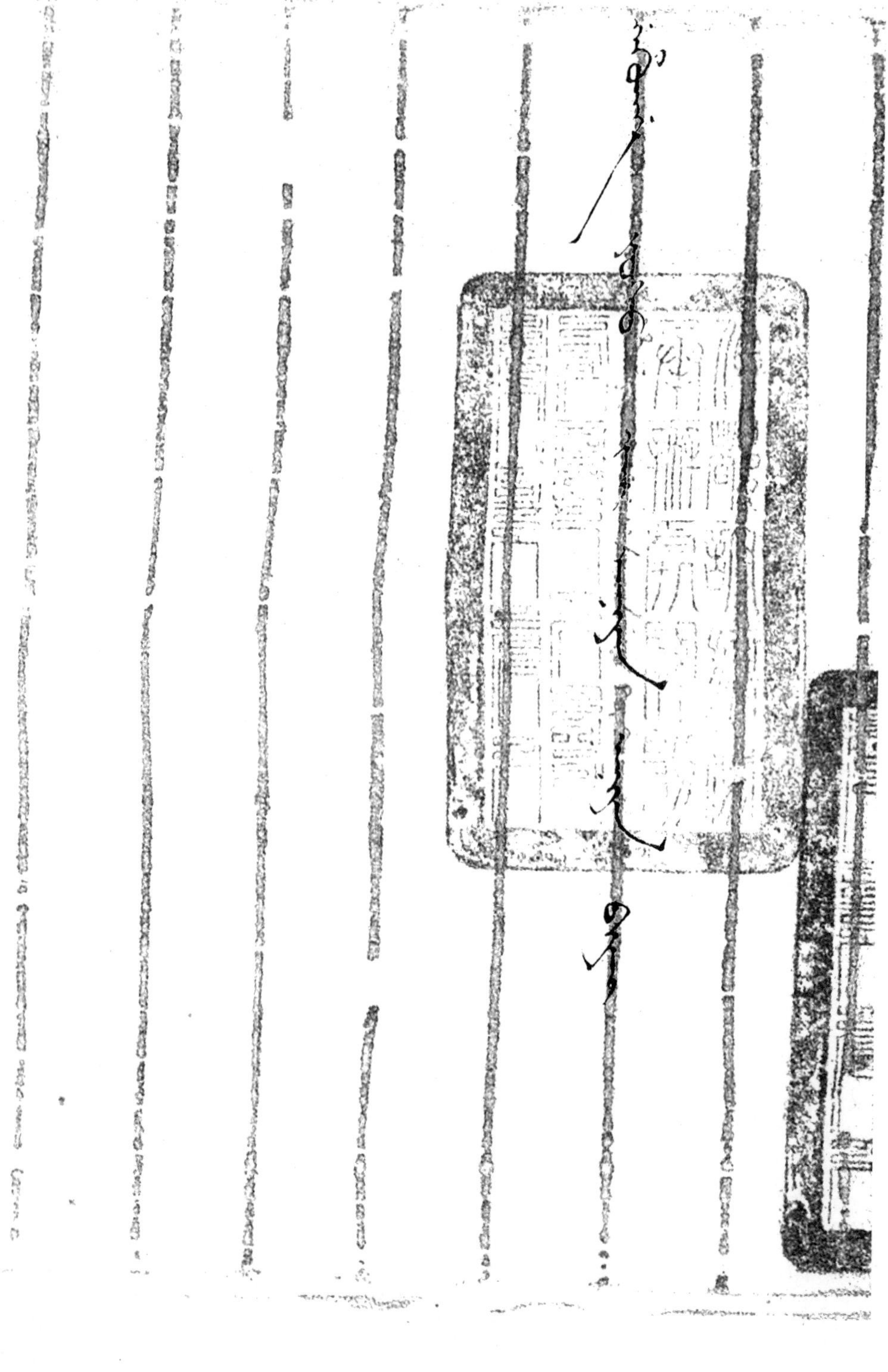

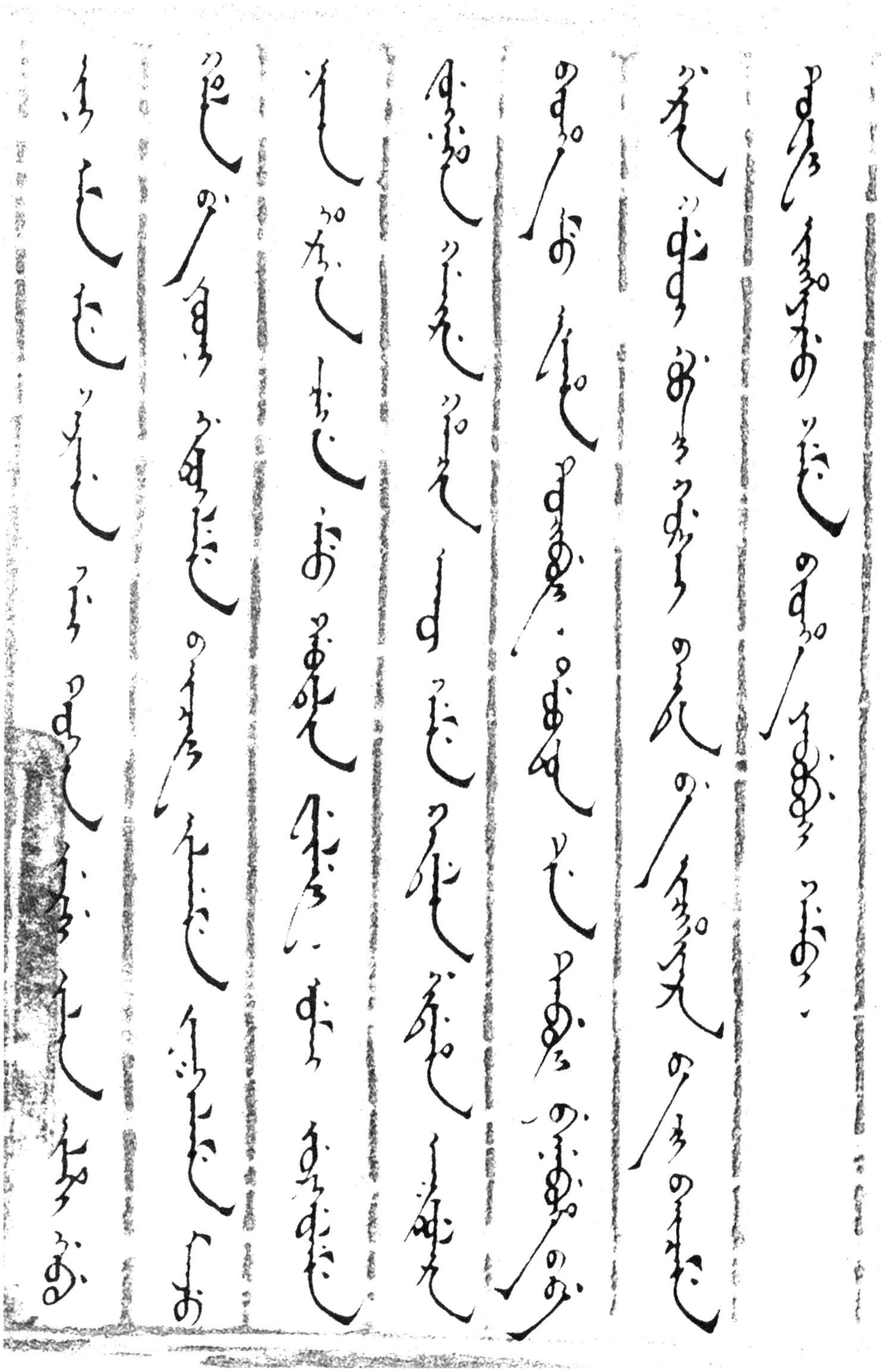

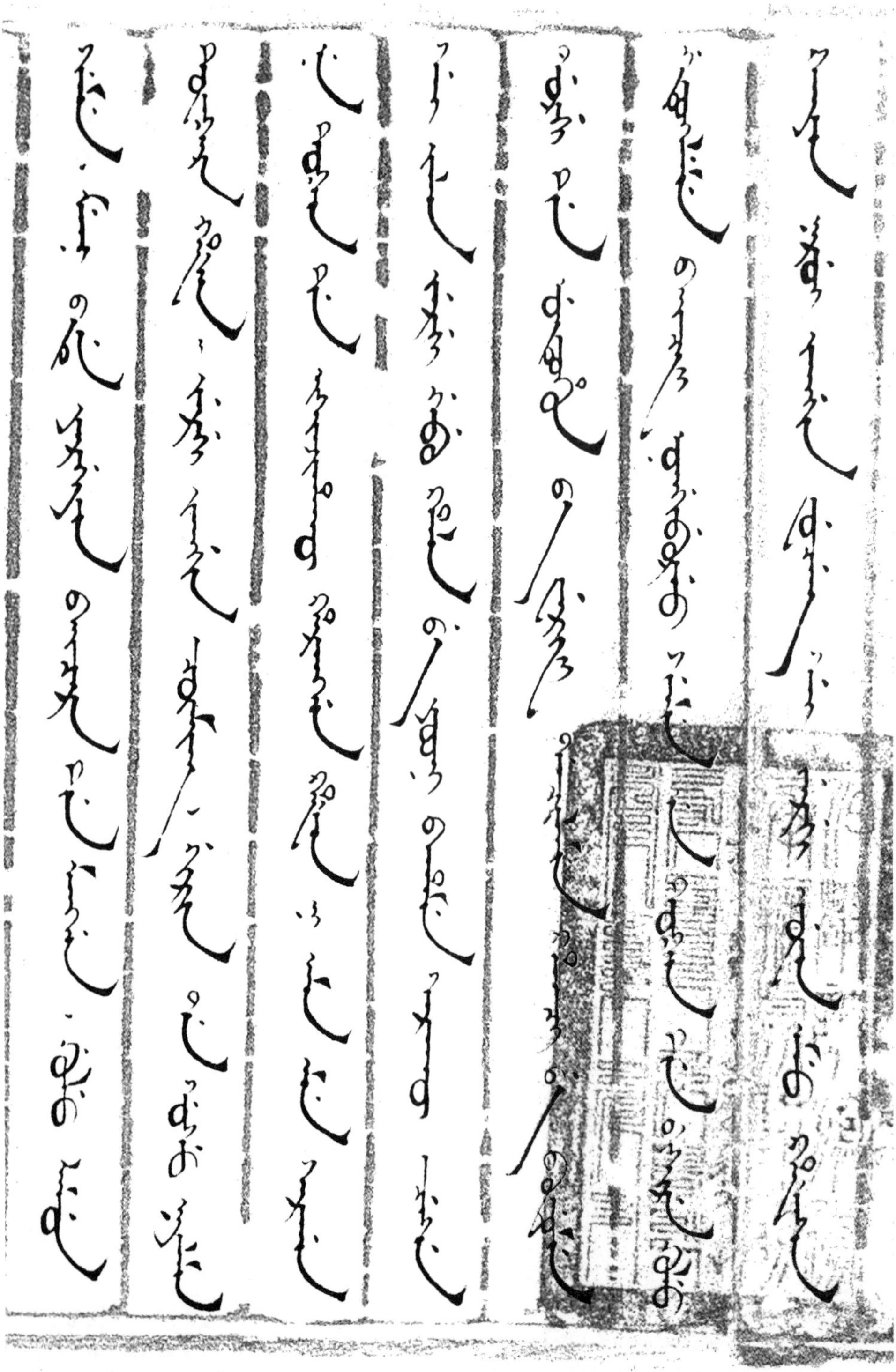

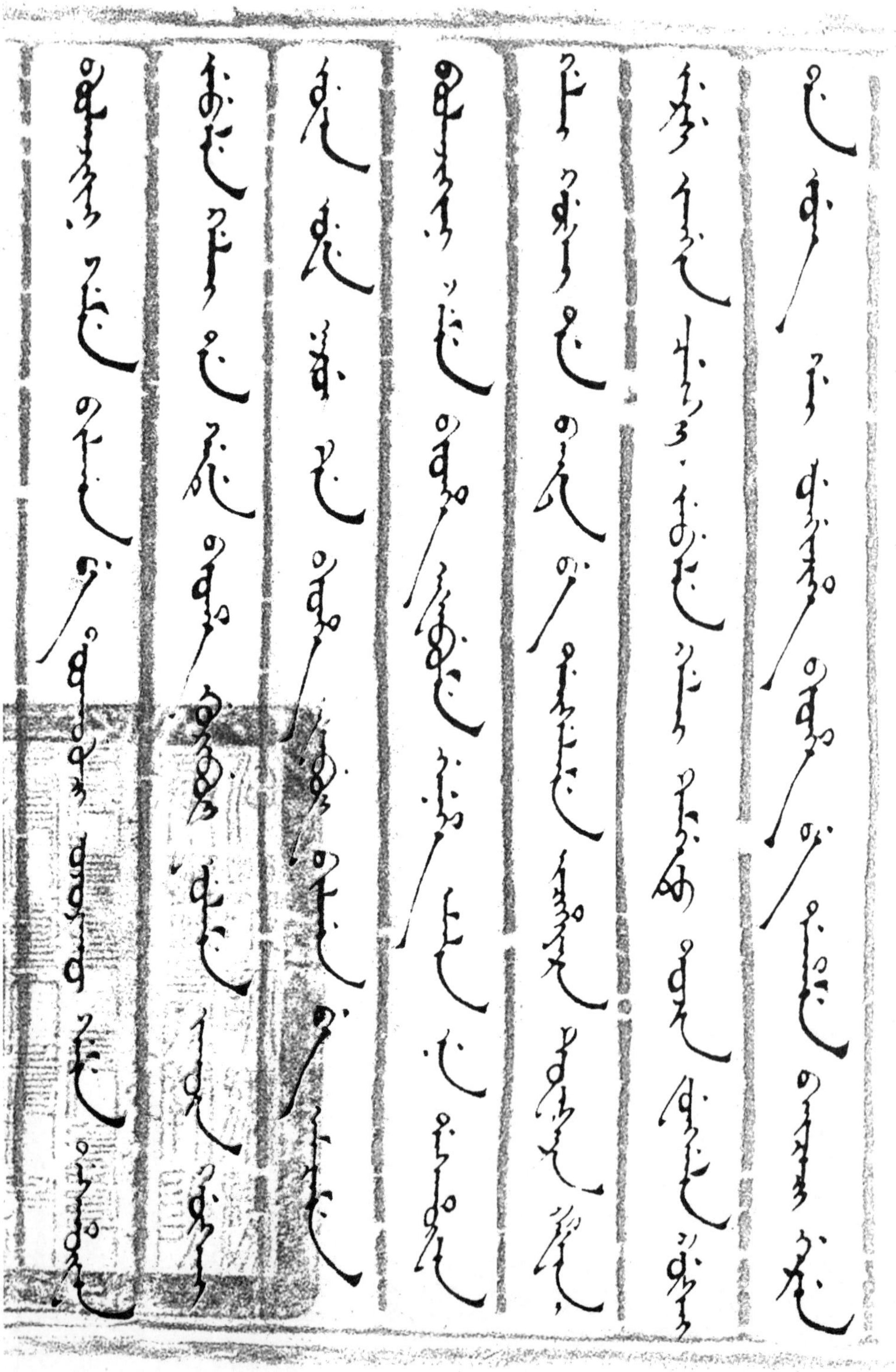

[illegible]

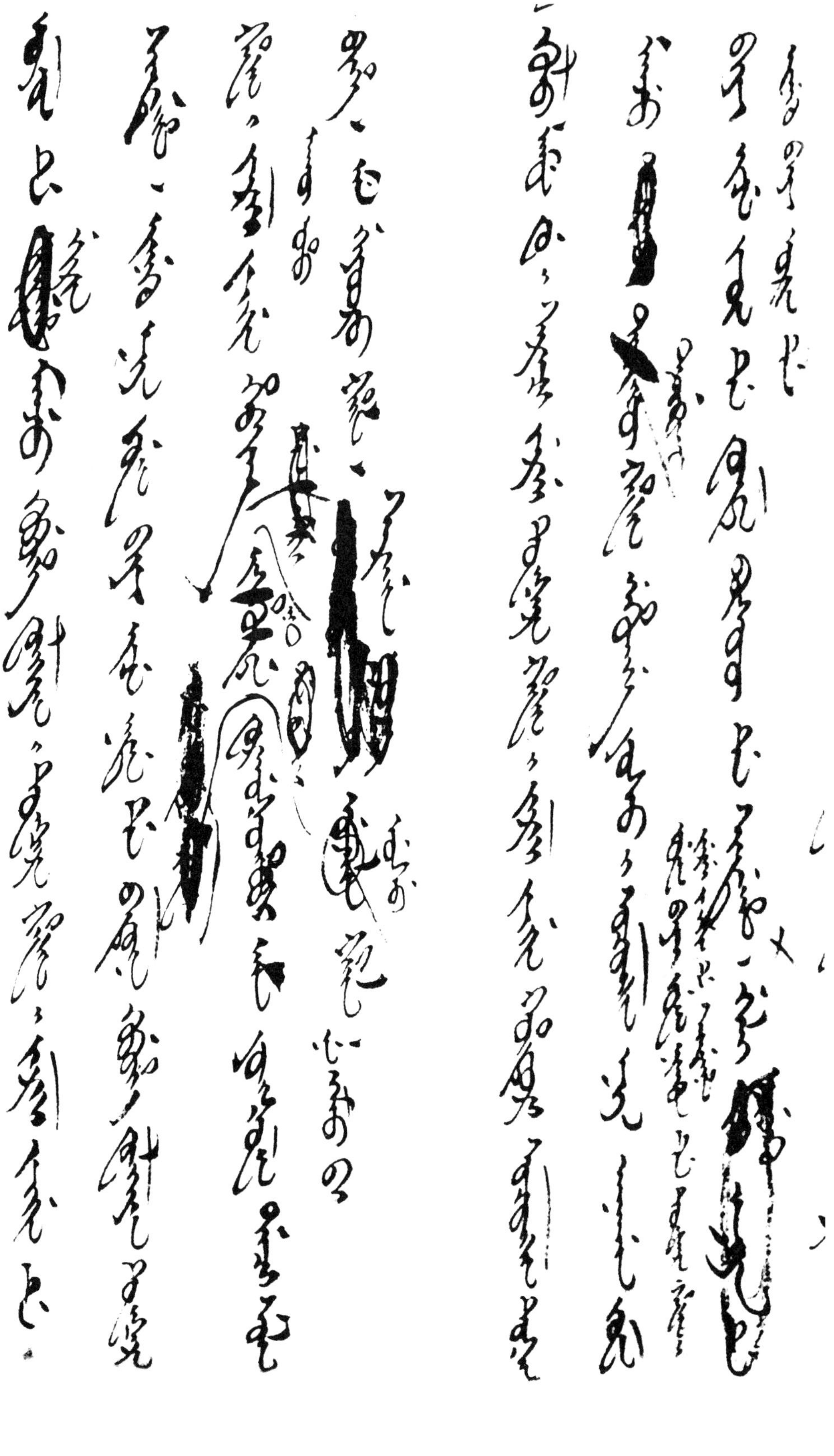

[illegible]

右

[illegible]

[illegible]

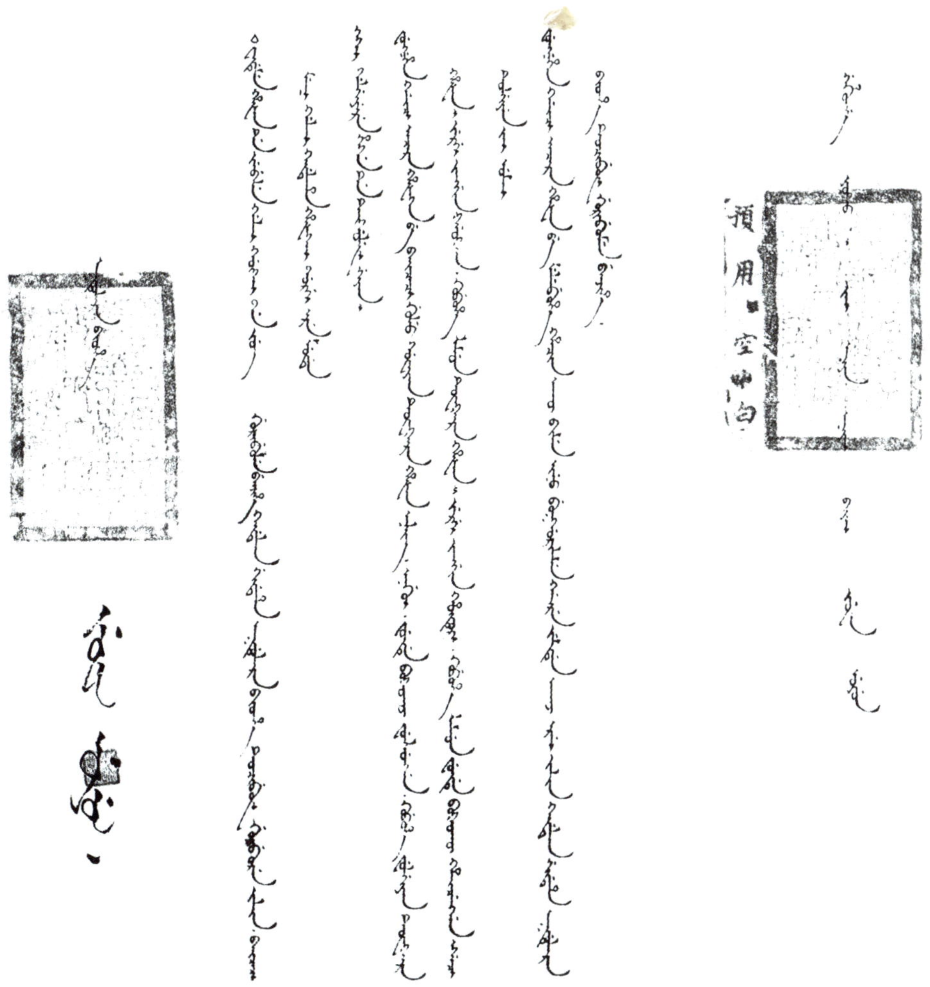
預用■空白

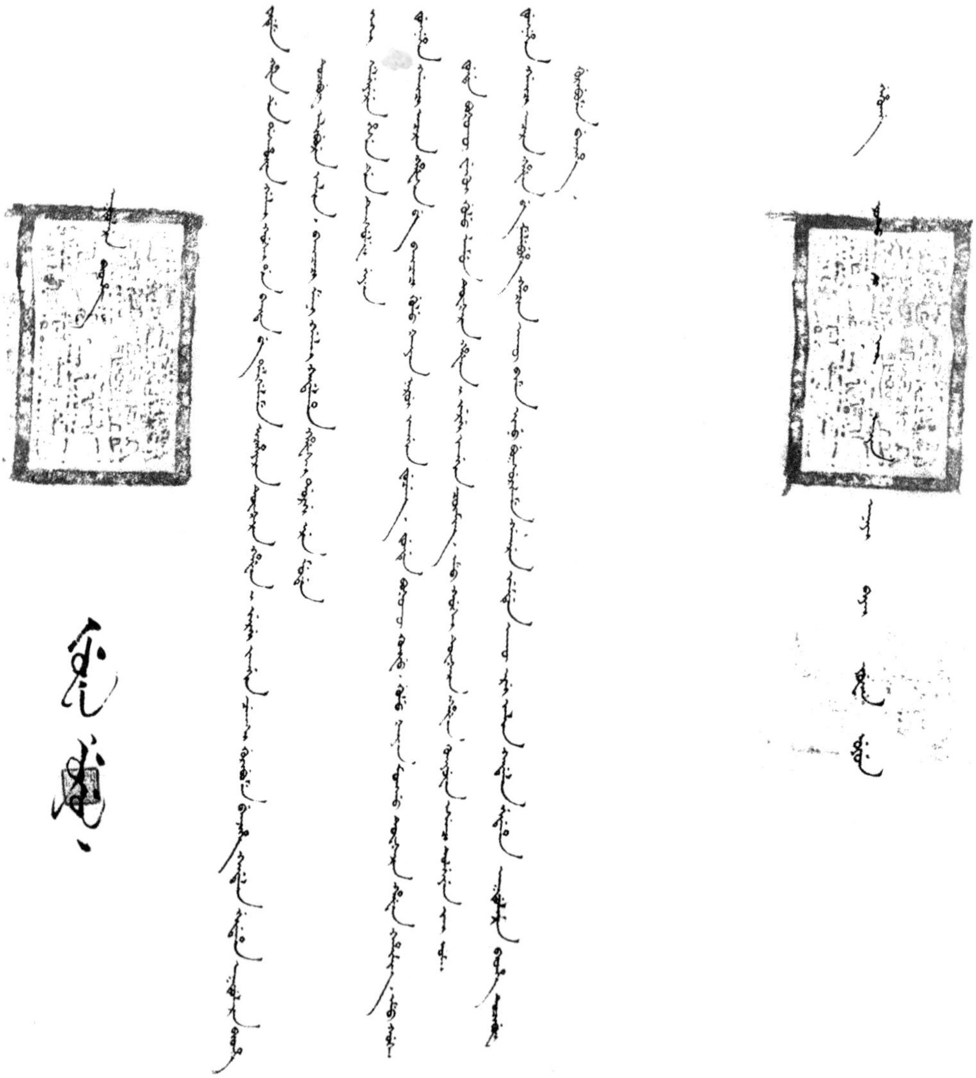

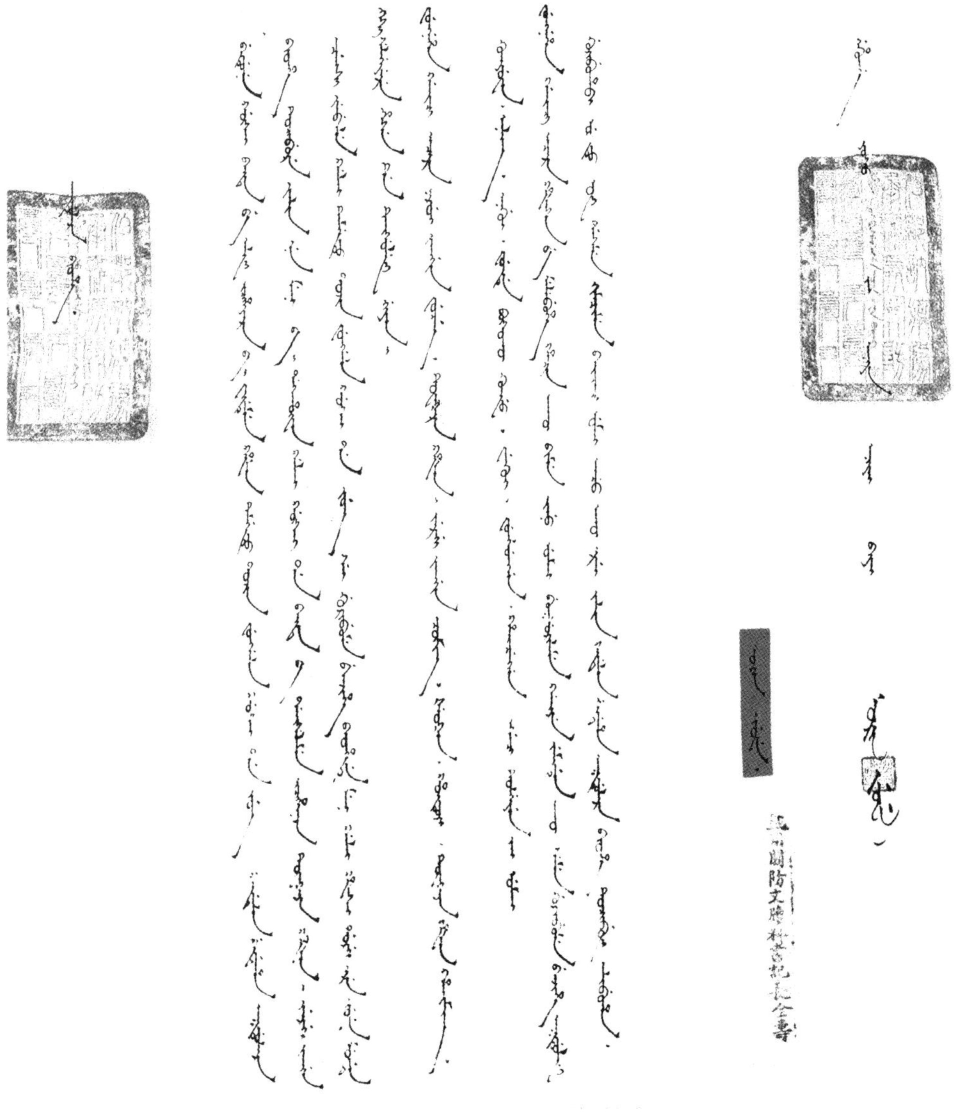

20 伯都讷旗务处为报送光绪三十四年等三次恭逢恩诏应请封典武职各员衔名清册事呈吉林全省旗务处文

宣统二年一月二十二日

為將三丙等年三次恭逢 恩詔應請封典武職各員銜名姓氏造冊呈報 旗務處由

[illegible]

行 正月廿二日

二年

二十二日

署文牘庶務兩科科員文牘科書記長崇　興

文牘科書記長監用關防全　壽

庶務科書記長西成阿差

庶務科書記長監用關防慶　徵

伯都訥旗務承辦處提調花翎協領忠　為造册呈送
事於宣統元年十二月二十八日奉
吉林全省旗務處札開軍衡科案呈案查前奉
公署發交准部咨開光緒三十四年十一月初九日宣統
元年正月二十三二十九等日三次恭逢
恩詔文武官員條款恭摺具
奏奉

旨依議欽此劄印原奏咨行吉林巡撫遵照辦理可也等因發
交到處前已通行查報在案事關部咨之件限期攸關未
便久事延緩合亟札飭札到該處即便遵照丈內事理查
明有無請封人員務於明年正月二十日以前趕緊呈報
毋再遲延可也特札等因奉此隨即移付左右翼協領轉
飭八旗十二佐趕限查報勿得遲延去後旋准署左翼協領
事務防禦成喜右翼花翎協領忠　等移稱遵查各旗大

小文武官員內除宣統元年新陞各員另文呈請並前逢
恩詔已經請封者不計外僅將此三次恭逢
恩詔應請封典之廂黃旗佐領德英阿原籍伊通廂黃旗防禦德亮
正白旗防禦英祥正黃旗佐領貴順正黃旗防禦富明阿廂
藍旗佐領貴春同旗佐領常林等六員均係吉林原籍此七
員或留省歷差或未到任將該七員等之父名母妻姓氏於
冊內留空請為就近查明核辦其現在任所之正白旗蒙

古佐領吉陞等十員父名母妻姓氏逐一查明分別造具
滿漢清册一本並無重領封贈之處一併具結轉遞等因
前來復造清册一本仍加清字關防結一紙一併附封呈送
為此合呈
吉林全省旗務處謹請核辦施行須至呈者
計呈送
滿漢清册一本　清字關防結一紙

右　　呈

吉林全省旗務處

宣統二年正月　日

冊底

伯都訥廂黃旗花翎佐領德英阿初任雲騎尉於光緒二
十四年閏三月間因勦辦昭烏達盟審賊案內在
事出力蒙保免補防禦以佐領補用並賞戴花翎
欽此於是年四月初五日奉
硃批着照所請該部知道欽此於二十五年六月二十一日經兵
部帶領引

見本日奉
旨着照例用欽此三十四年四月十四日補放佐領妻　氏
父

廂黃旗藍翎防禦德亮初任驍騎校於光緒三十一年六月十七日補放防禦妻 氏 父 母

正白旗防禦英祥初任雲騎尉於光緒三十四年四月十

曾補放防禦妻 父 母

正白旗雲騎尉綽勒果羅佈於光緒三十三年二月十

六日承襲雲騎尉父常山閑散存 母奚氏歿

正白旗蒙古佐領吉升初任雲騎尉於光緒三十三年七月二十三日補放佐領妻楊氏存父來德歿母包氏歿

正白旗蒙古驍騎校永全於光緒三十二年七月二十六日

由筆帖式補放驍騎校妻包氏存父阿勒精阿係佐領歿

母包氏存

正藍旗佐領斐喜初任騎都尉於光緒三十二年二月初五月補放佐領妻葛氏存父蘇和那休致騎都尉毋孟氏抄發

正藍旗佐領依凌阿初任驍騎校二任防禦於光緒三十三年八月十一日補放佐領妻吳氏存父全福係披甲母閻氏均歿

正藍旗雲騎尉全貴於光緒三十四年七月二十一日由西丹

承襲雲騎尉父業普鏗額係雲騎尉歿　母吳氏存

正藍旗四品銜儘先補用防禦驍騎校德豐阿於光緒

十八年九月二十一日因隨防五年限滿出力蒙

欽命吉林將軍長 副都統成 保奏俟補驍騎校後以防禦儘先補用

俟過驍騎校班後賞加四品銜十九年五月初七日奉

上

諭欽此三十一年六月十七日由前鋒補放驍騎校妻白氏存

父春喜係附生母張氏均歿

正黃旗花翎佐領貴順於光緒八九兩年隨同二次

勘分新疆中南界務在事出力蒙 前分界大臣沙長保陞

奏免補驍騎校以防禦即補並賞加佐領銜於二十

五年五月初七日補放防禦於三十年九月初五日補放

佐領妻 氏 父 母

正黄旗防禦富明阿初任雲騎尉於光緒三十三年十

二月初十日補放防禦妻 父 卌

正黃旗雲騎尉海全於光緒三十三年二月十六日承襲

雲騎尉妻白氏存父富亮係驍騎校殁母韓氏存

廂藍旗佐領貴春初任驍騎校二任防禦於光緒三十

四年四月十一日補放佐領妻　父　母

廂藍旗補用協領佐領兼騎都尉常林初任騎都尉

於光緒十六年間因在吉林勦辦馬賊案内出力蒙

奏於十七年五月二十一日奉
旨以佐領補用欽此又於光緒二十年間因在吉林勦辦馬
賊案内出力蒙
欽命將軍長　保奏俟補佐領後以協領補用於二十年
三月初七日奉
硃批依議欽此三十一年八月二十日補放佐領妻　父　毋
ᠮᡳ
ᠮᡳ

廂藍旗雲騎尉圖薩佈於光緒三十三年二月十六日

由西丹承襲雲騎尉妻、戚氏存父吉慶阿係雲騎尉

毋闆氏 均歿

廂藍旗五品藍翎驍騎校全魁於光緒三十一年十月十一日由領催補放驍騎校妻王氏父穆克登額係協領毋舒氏 均歿

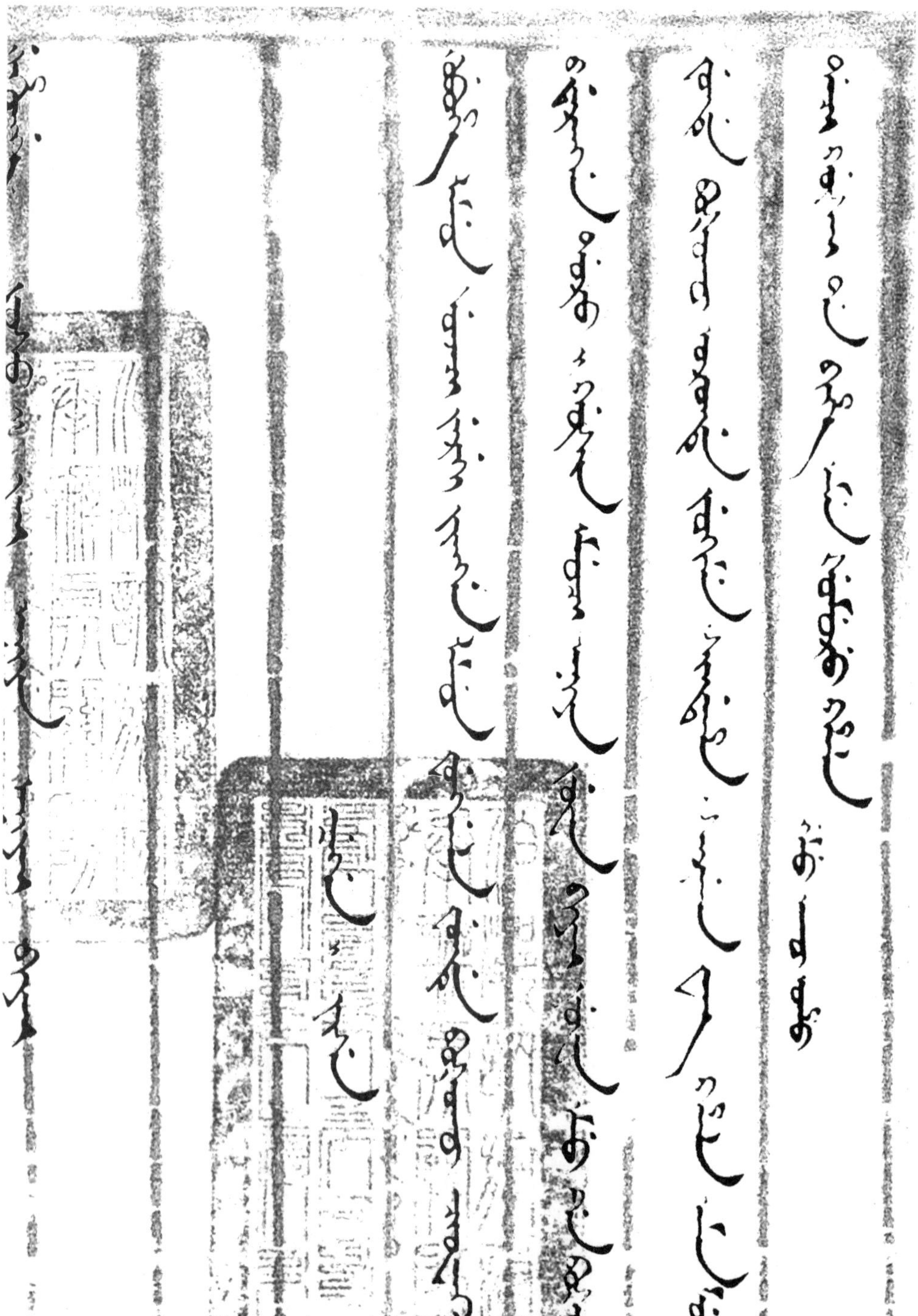

[illegible]

[illegible]

ᠵᠠᠯᡳᠨ ᡤᡳᠩᡤᡠᠯᡝᠮᡝ ᠸᡝᠰᡳᠮᠪᡠᡥᡝ ᠉

[illegible]

[illegible]

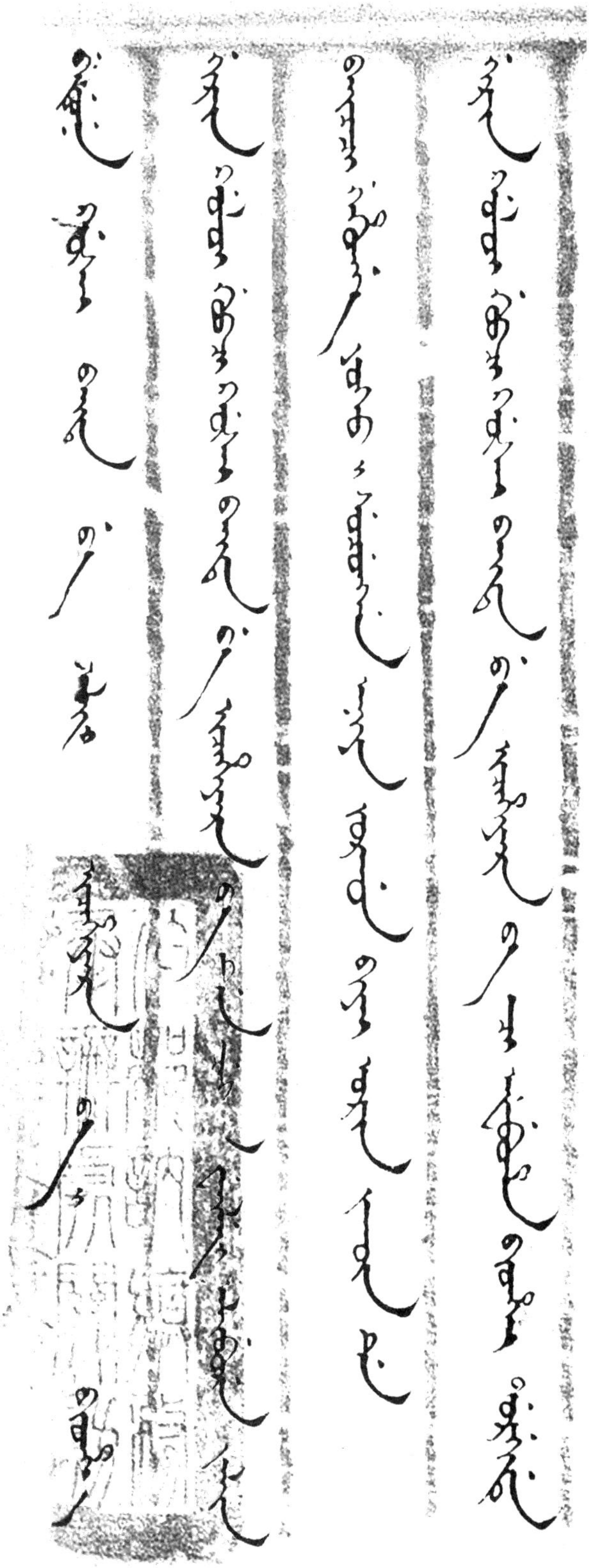

錢用空白

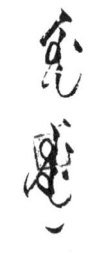

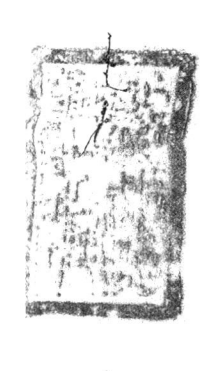

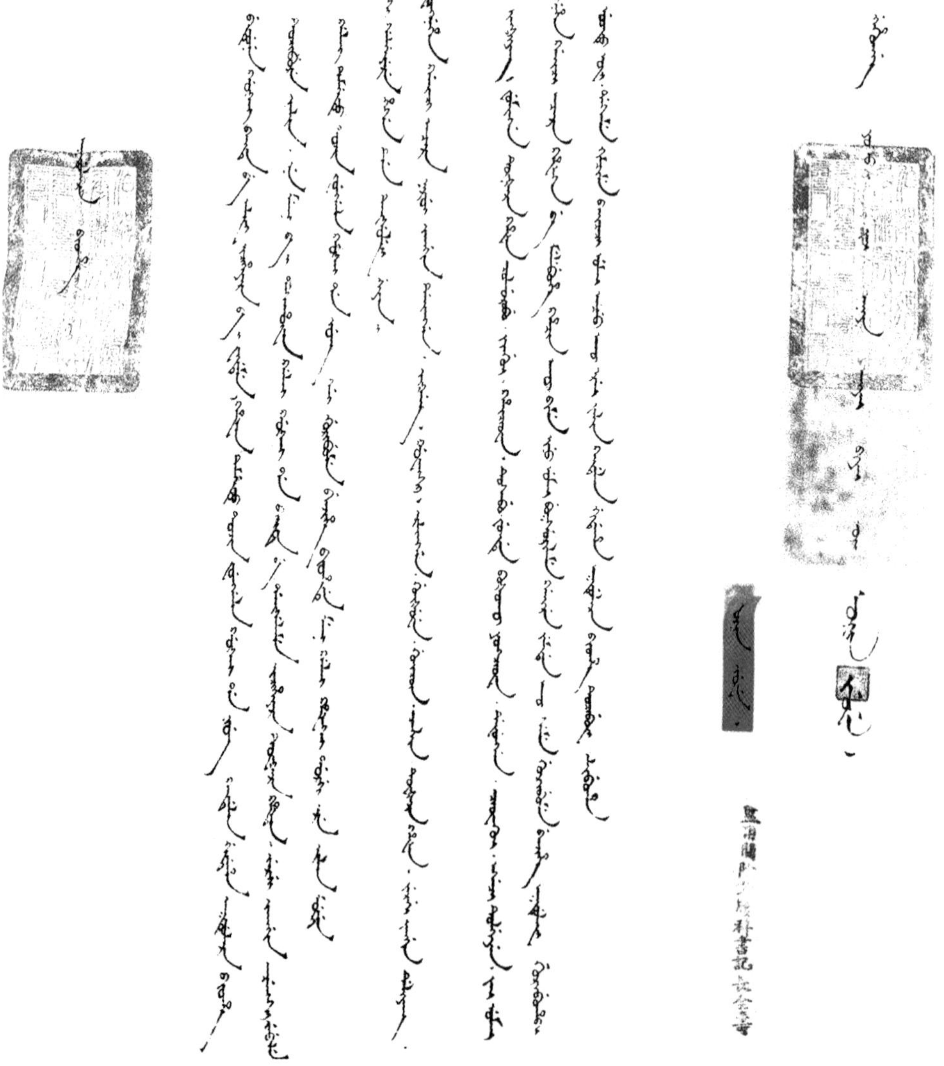

21 伯都讷旗务处为呈请防御封赠事呈吉林全省旗务处文

宣统二年一月二十三日

宣统二年
行
正月廿三日
二十三日

署文牘庶務兩科科員文牘科書記長宗　興

文牘科書記長監用關防全　壽

庶務科書記長西成阿差

庶務科書記長監用關防廣　徵

伯都訥旗務承辦處提調花翎協領忠 為呈請
事案查光緒三十四年十一月初九日恭逢
恩詔文武官員應得封贈條款經部恭摺具
奏奉
旨依議欽此飭遵在案惟職應得三姓正黃旗防禦
任內之正四品誥封二軸職欲以貤封胞伯父
毋胞弟及弟妻封之如此擬請是否可行職

無成樣應請

憲處裁奪核辦是以將職履歷暨胞伯父母胞弟

及弟妻名姓造具滿漢清冊一本暨並無

重領封贈清字關防結一紙一併附封呈請

為此合呈

憲台鑒核轉咨請領是為恩便施行須至呈者

計呈送

滿漢清册一本清字關防結一紙

右

呈

吉林全省旗務處

宣統二年正月　日

冊底

三品銜花翎記名佐領三姓正黃旗防禦忠初

在吉奉兩省歷充敵愾營差遣並藍翎各

委員督轅內巡捕等差於光緒二十二年臘月

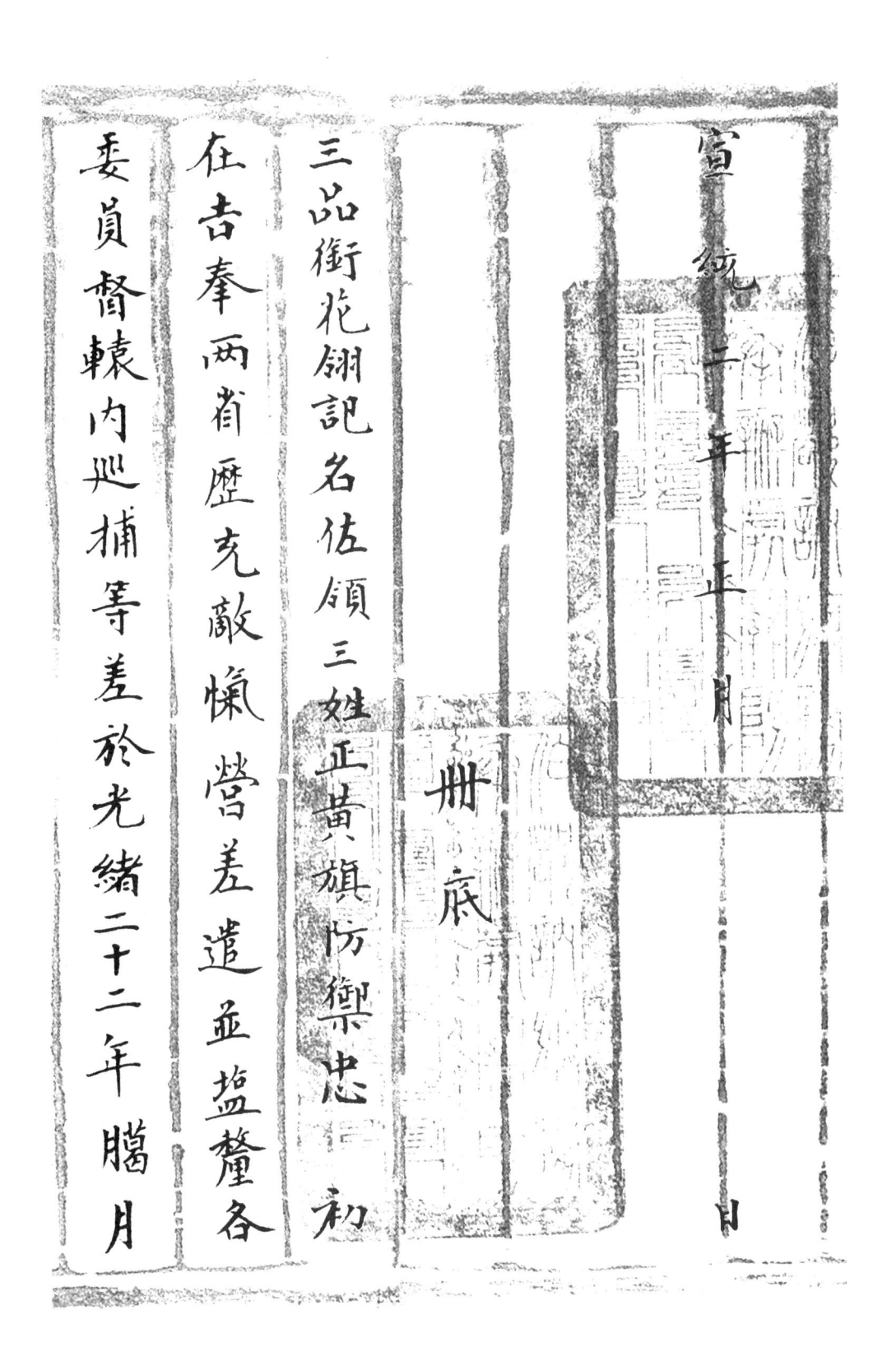

聞因勦辦積年馬賊黨案出力蒙
盛京軍督部堂依　保奏以驍騎校補用於二十
三年二月十四日奉
旨依議欽此於二十四年閏三月間因在昭烏達盟
地方拏獲五麻子等首逆案內尤為出力蒙
盛京軍督部堂依　保奏免補驍騎校以防禦
儘先即補並請賞戴花翎於是月二十日奉

旨著照所請欽此於是年十月間因奉天徵收稅
捐案內尤為出力蒙
盛
京軍督部堂依 係奏免補防禦以佐領儘
先即補並加三品銜奉
旨交
部議奏嗣經兵部核議改為俟補防禦後以
佐領補用俟歸佐領班再換三品銜於十二月
初二日奉

旨依議欽此於三十二年十二月初五日蒙

欽命吉林署將軍達副都統成揀放三姓正黃旗防禦富隆阿故遺

一缺於三十三年三月間咨送部旗於是年七月

初一日正黃滿帶領經

欽派王大臣驗看以吉林三姓正黃旗防禦一缺擬

請以擬正忠祥補授於本月初二日覆奏奉

旨依議欽此於是年八月初五日陛見部帶領經

欽派王大臣驗看照例以佐領記名並換三品銜於

初六日覆奏奉

旨依議欽此在案

胞伯 父九成阿閑散存

母張氏歿

胞弟 榮祥披甲五品軍功存

妻張氏存

為呈請事案查光緒三十四年十二月初九日恭逢
恩詔文武官員應得封贈條款經部恭摺具
奏奉
旨依議欽此飭遵在案惟職應得三姓正黃旗防禦任內之正四品
誥封一軸職欽以貤封胞伯父母胞弟及弟妻封之如此擬請
是否可行職無成樣應請
憲處裁奪核辦是以將職履歷暨胞伯父母胞弟及弟妻名姓

謹具滿漢清冊一本暨並無重領封贈清字關防結一紙一併附封呈請爲此合呈

憲台鑒核轉咨請頒是爲悳便施行

胞伯父九成阿閑散存

胞伯母張氏殁

胞弟榮祥披甲五品軍功存

胞弟妻張氏存

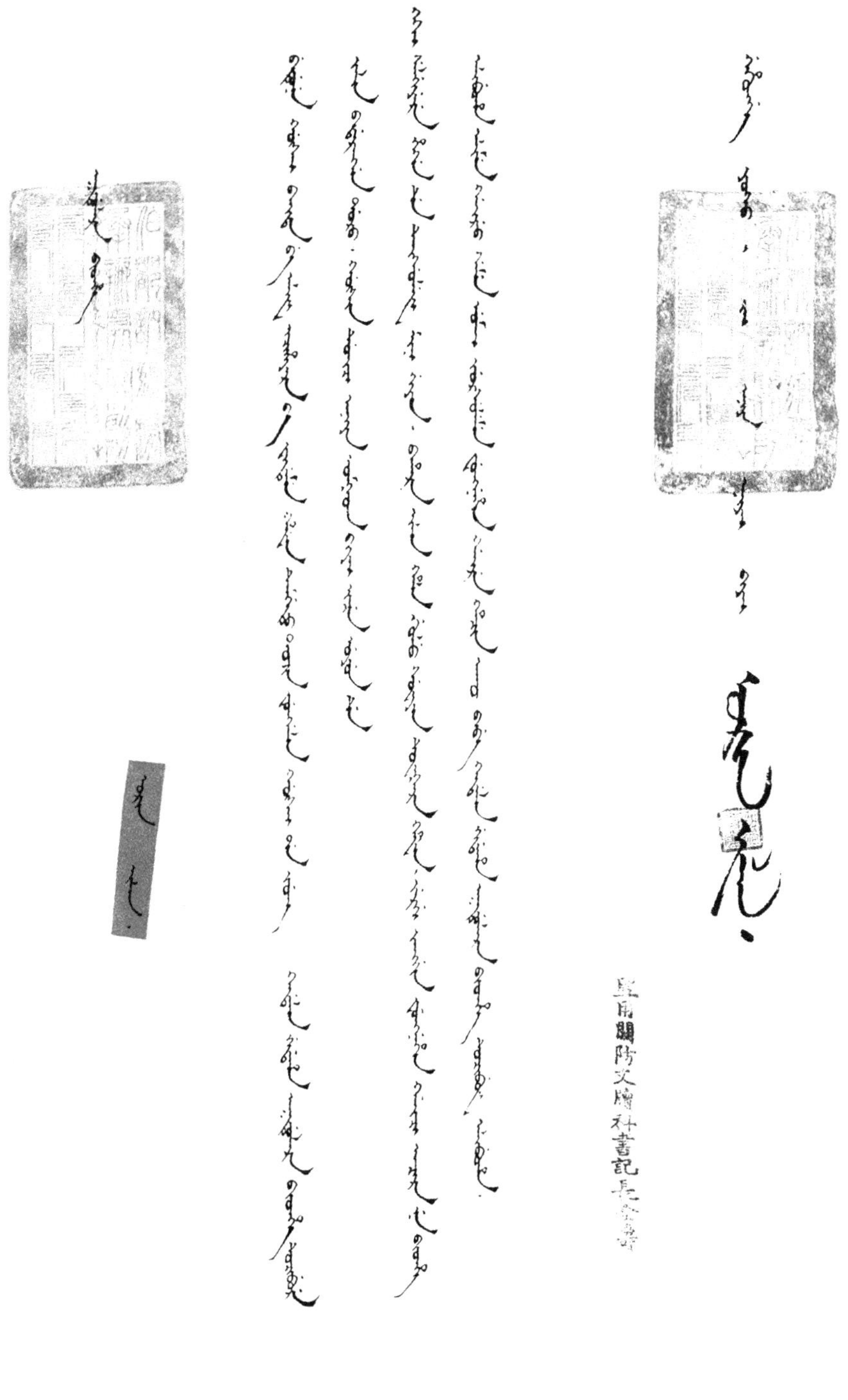

22 伯都讷旗务处为呈请佐领封赠事呈吉林全省旗务处文

宣统二年一月二十三日

爲將恭達
恩誥本旗調應得佐領封贈造冊具文呈請　吉林旗務處由

宣統二年

行

二十三日

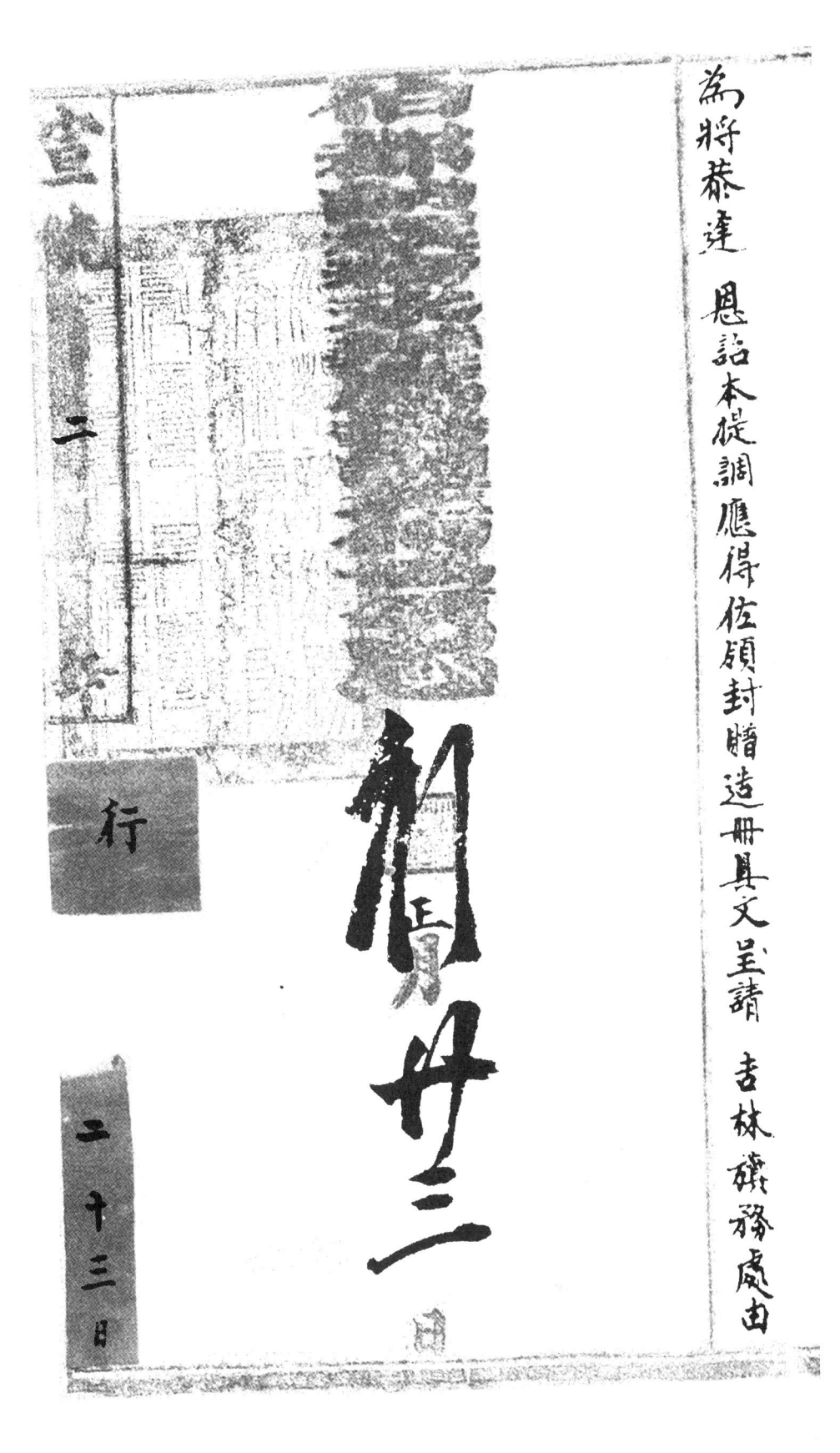

署理文牘庶務兩科科員文牘科書記長崇　興

文牘科書記長監用關防　全　壽

庶務科書記長　西成阿

庶務科書記長監用關防康　瀓

伯都訥旗務承辦處提調花翎協領忠　為
呈請事案查宣統元年正月二十三二十九等日兩次恭逢
恩詔文武官員應得封贈條款經部恭摺具
奏奉
旨依議欽此飭遵在案惟職應得拉林正紅旗佐領任內
之正三品誥封三軸職欲請以本身妻父母祖父母封
之如此擬請是否可行職無成樣應請

憲處裁奪核辦是以將職三代履歷造具滿漢清册
一本暨並無重領封贈清字關防結一紙一併附
封呈請為此合呈
憲台鑒核轉咨請領是為恩便施行須至呈者
計呈送
滿漢清册一本　清字關防結一紙
右　呈

吉林全省旗務處

宣統二年正月　日

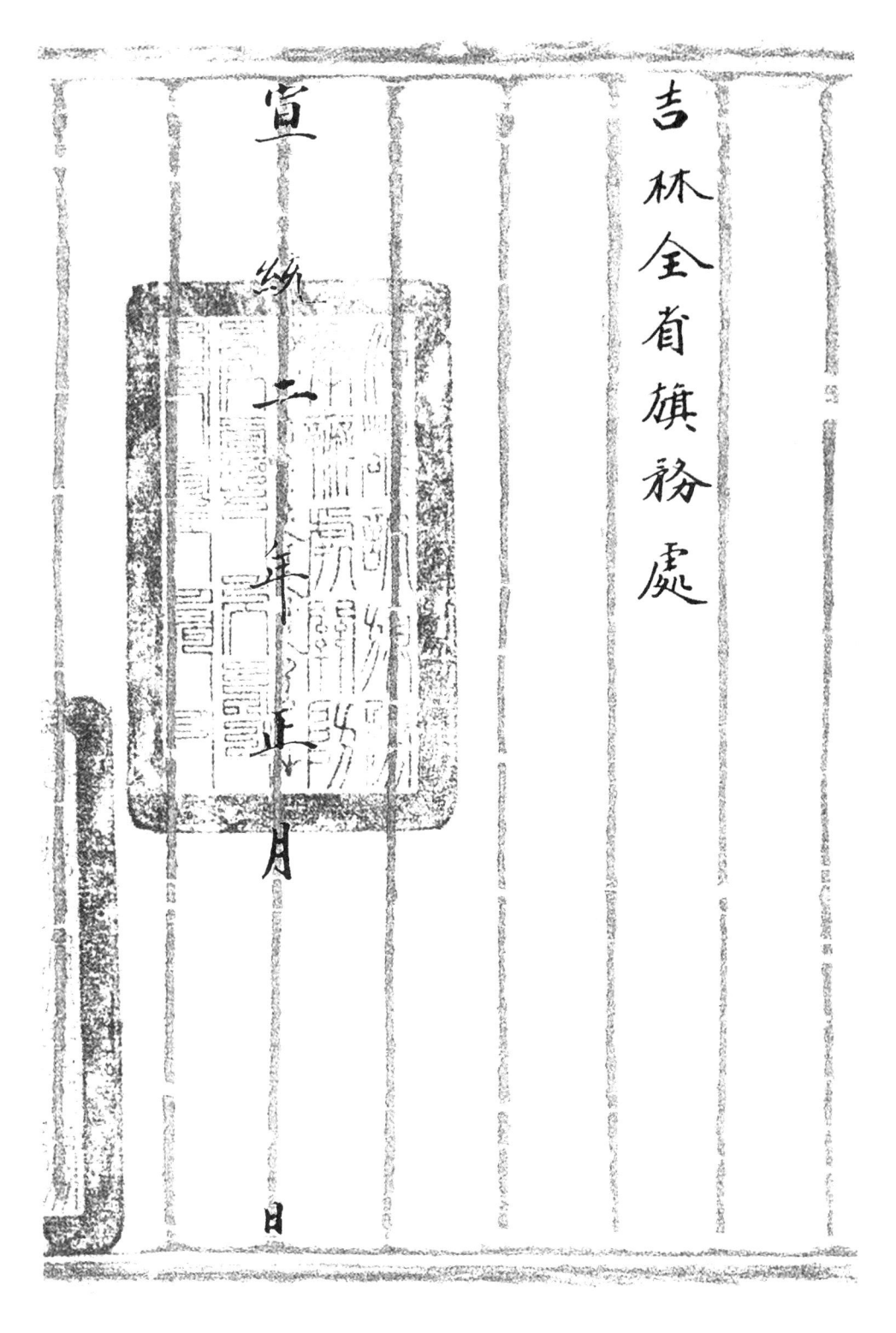

册底

花翎三品銜拉林正紅旗佐領忠　初在吉奉兩省

歷充敵愾營差遣並盜釐各委員督帶內巡捕等

差於光緒二十二年臘月間因勦辦積年馬賊彙

案出力蒙

盛京軍督部堂依　保奏以驍騎校補用於二十三年

二月十四日奉

旨依議欽此於二十四年閏三月間因在昭烏達盟地
方拿獲五麻子等首逆案內尤為出力蒙
盛京軍督部堂依　保奏免補驍騎校以防禦儘
先即補並請賞戴花翎於是月二十日奉
旨着照所請欽此於是年十月間因奉天征收稅捐案內
尤為出力蒙
盛京軍督部堂依　保奏免補防禦以佐領儘先

即補並加三品銜奉
旨交部議奏嗣經兵部核議改為俟補防禦後以佐
領補用俟歸佐領班再換三品銜於十二月初二日奉
旨依議欽此於三十二年十二月初五日蒙
欽命吉林署將軍達副都統成　揀放三姓正黃旗防禦富隆阿故
遺一缺於三十三年三月間咨送部旗於是年七月
初一日正黃滿帶領經

欽派王大臣驗看以吉林三姓正黃旗防禦一缺擬請以
擬正忠祥補授於本月初二日覆奏奉
旨依議欽此於是年八月初五日陸軍部帶領經
欽派王大臣驗看照例以佐領記名並換三品銜於初
六日覆奏奉
旨依議欽此於三十四年十一月二十五日蒙
欽命署吉林巡撫陳　揀以拉林正紅旗佐領景桂轉

遺一缺補放

祖父永平閑散歿
祖母關氏歿

父三成向閑散存
母羅氏歿

本身
妻劉氏存

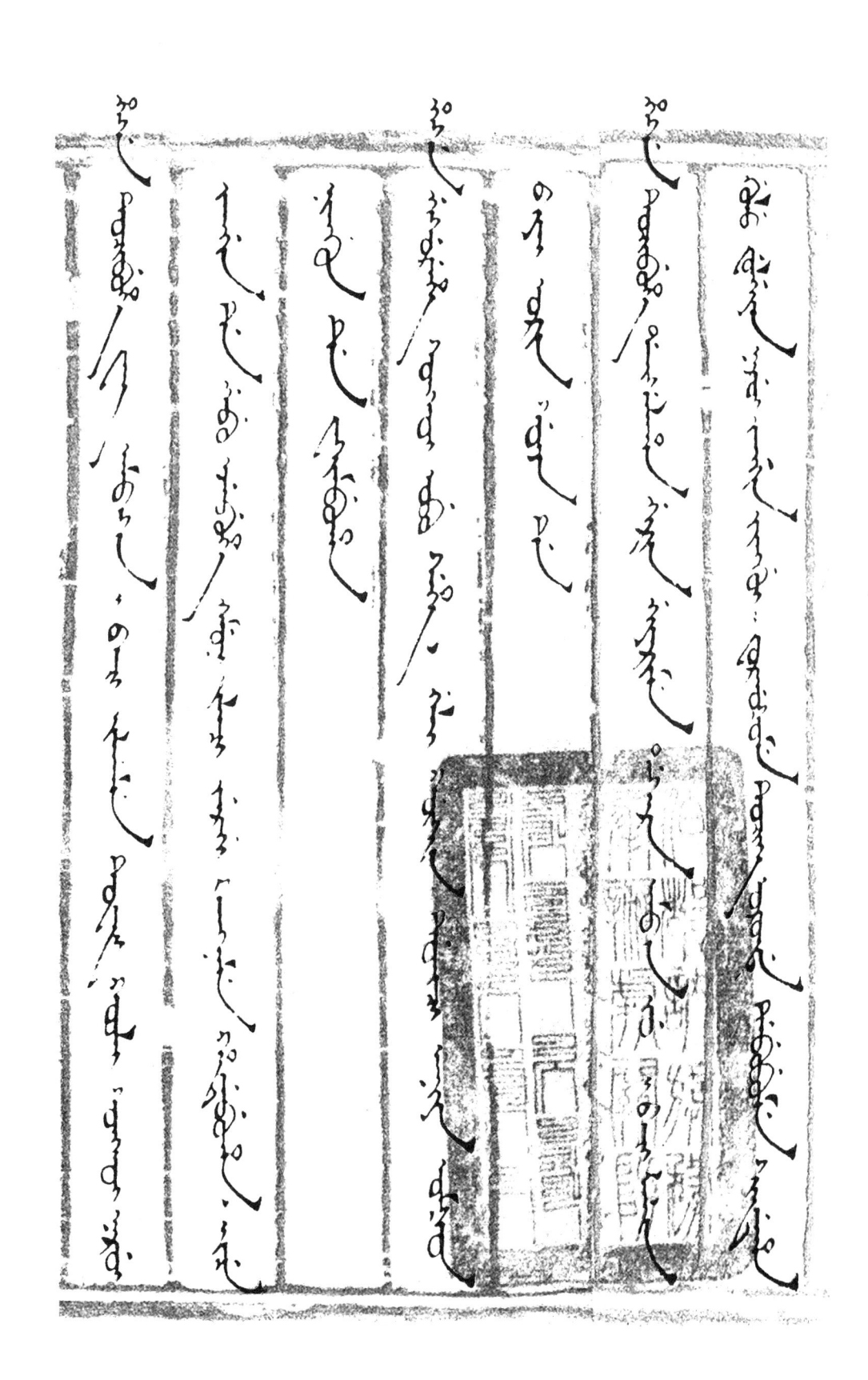

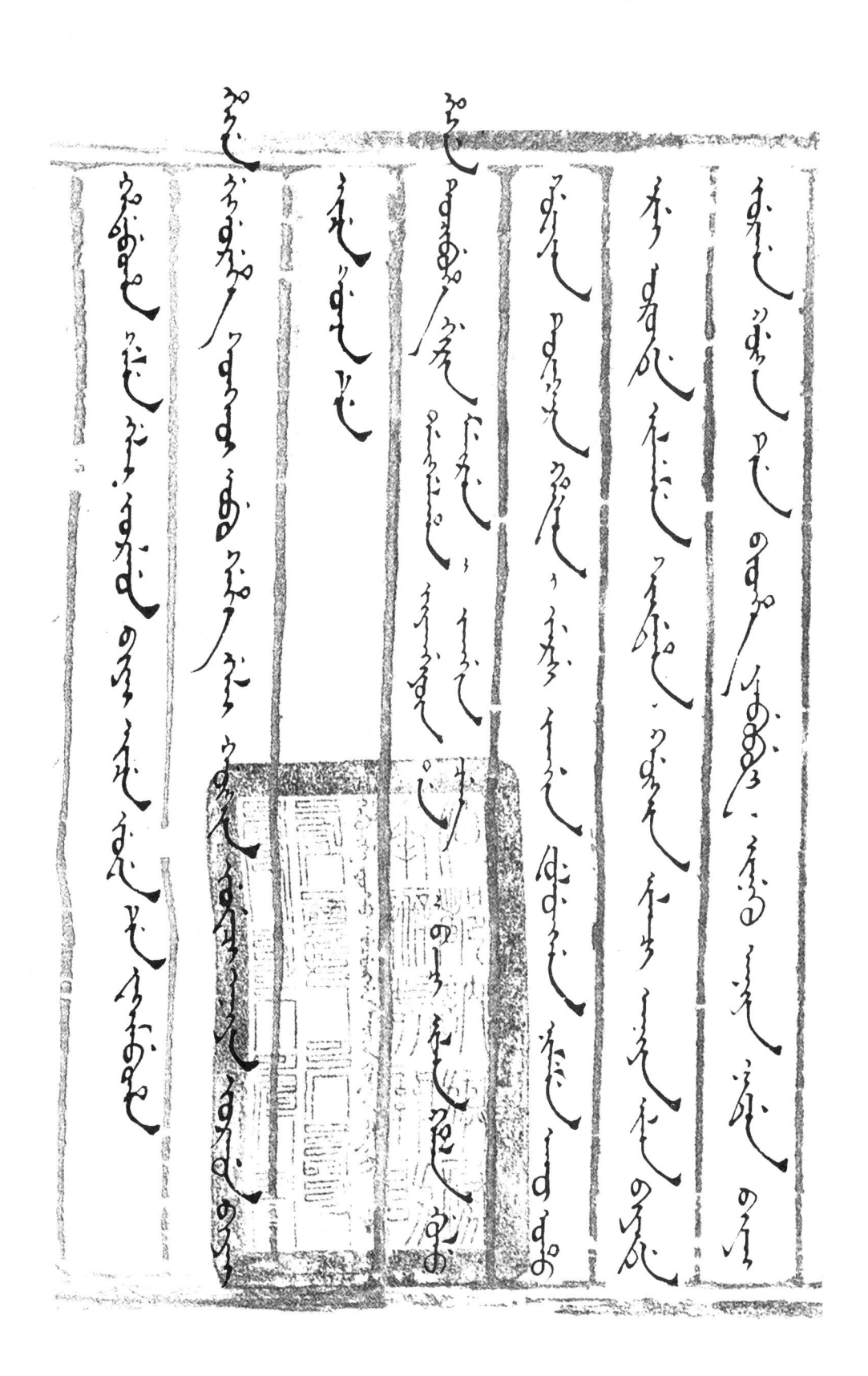

[illegible]

[illegible]

[illegible]

[illegible]

[illegible]

[illegible]

[illegible]

[illegible]

三品銜花翎記名佐領三姓正黃旗防禦忠　初在吉
花翎三品銜拉林正紅旗佐領忠
奉兩省歷充敵愾營差遣近塩釐局委員督緝內巡捕等差
於光緒二十二年臘月間因剿辦積年馬賊黨案出力蒙
○盛京軍督部堂依　保奏以驍騎校補用於二十三
年二月十四日奉
旨依議欽此於二十四年閏三月間因在昭烏達盟地方拏獲
五麻子等首逆要案內尤為出力蒙

○盛京軍督部堂依　保奏免補驍騎校以防禦儘先
即補並請賞戴花翎於是月二十日奉
旨著照所請欽此於是年十月間因奉天征收税捐案內尤
爲出力蒙
○盛京軍督部堂依　保奏免補防禦以佐領儘先即補
並加三品銜奉
旨交部議奏嗣經兵部核議改爲俟補防禦後以佐領補用

侯補佐領班再換三品銜於十二月初二日奉
旨依議欽此於三十二年十二月初五日蒙
欽命吉林署將軍達副都統成 揀放三姓正黃旗防禦官隆阿故遺一缺於
三十三年三月間咨送部旗於是年七月初一日正黃旗滿
帶領經
欽派王大臣驗看以吉林三姓正黃旗防禦一缺擬請以拟正忠祥補授於
本月初二日覆奏奉

旨依議欽此於是年八月初五日陞軍部帶領經
欽派王大臣驗看照例以佐領記名並換三品銜於初六日覆奏
旨依議欽此於三十四年十一月二十五日蒙
欽命署吉林巡撫陳　奏以拉林正紅旗佐領景桂轉遺缺補放

為呈請事案查宣統元年正月二十三二十九等日兩次恭逢
恩詔文武官員應得封贈條款經部恭摺具
奏奉
旨依議欽此飭遵在案惟職應得拉林正紅旗佐領任內之正三品
誥封三軸職欲請以本身妻父母祖父母封之如此擬請是否
可行職無成樣應請
憲處裁奪核辦是以將職三代履歷造具滿漢清冊一本暨並無

重領封贈清字關防結一紙一併附封呈請為此合呈
憲台鑒核轉咨請領是為恩便施行

祖父永平閑散歿
祖母閔氏歿
父三成阿閑散存
母羅氏歿
本身
妻劉氏存

23 伯都讷旗务处为报送因公差出署理旗佐官员衔名清册事呈吉林全省旗务处文

宣统二年一月二十五日

為將因公差出署理旗佐官員銜名造册呈報
吉林旗務處鑒核由

護理伯都訥旗務承辦處旗調事務藍翎佐領英

三

行

二十五日

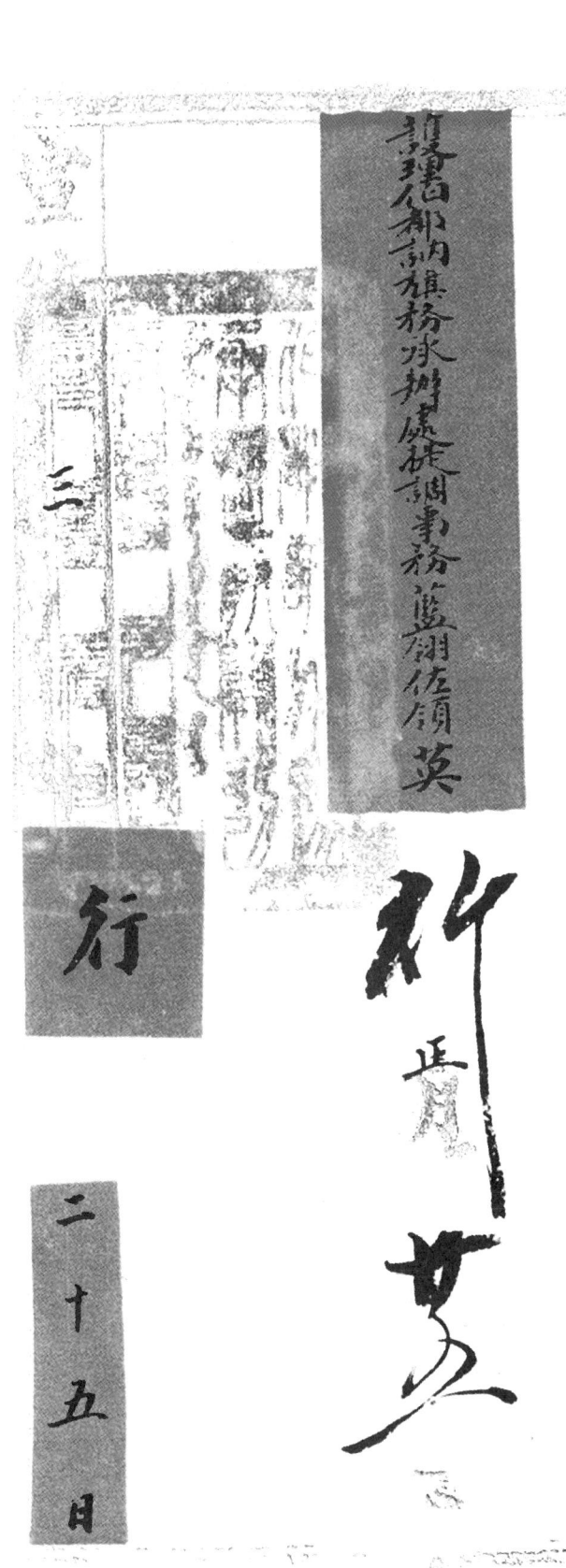

文牘科科員藍翎驍騎校崇興

文牘科藍翎副科員全壽

庶務科科員藍翎候缺八品筆帖式富英

署庶務科科員藍翎副科員丙成阿

署庶務科副科員書記長康徵

監用關防文牘科書記長恩隆阿

兼庶務科書記長擬陪驍騎校常慶

監用關防庶務科書記長惠應

護理伯都訥旗務承辦處提調事務藍翎佐領英　為

呈報事案查前副都統衙門接准

將軍衙門來咨遵奉部文第自宣統二

年冬季起至三年春季止此三個月內因公

差出之佐領富成等現已差竣旋回銷差接

理鈐記日期亟應造册呈報之處理合具文

附封呈送為此合呈

憲台鑒核施行須至呈者

計呈送

清册一本

右　　　　呈

吉林全省旗務處

宣统三年正月　日

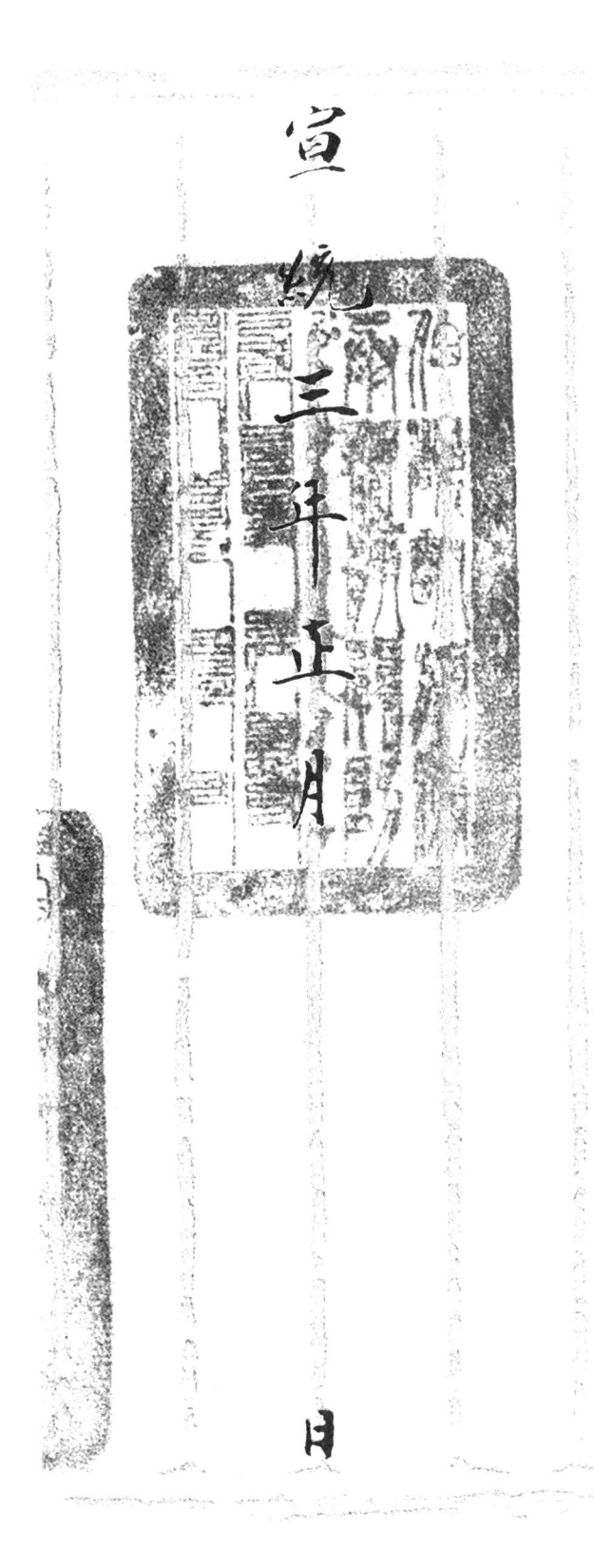

冊底

伯都訥正白旗佐領富成因派徵津貼差出其
鈐記富派廂藍旗知府銜藍翎防禦瑚圖禮
署理已呈報在案茲查佐領富成現在差竣
旋回銷差已飭接理鈐記
伯都訥署正黃旗貴順佐領事務藍翎記名防
禦雲騎尉富有前因派徵津貼租賦差出其

鈐記暫令厢紅旗雲騎尉春陞代理呈報在案
現在該員差竣旋回銷差仍令該員接理鈐記

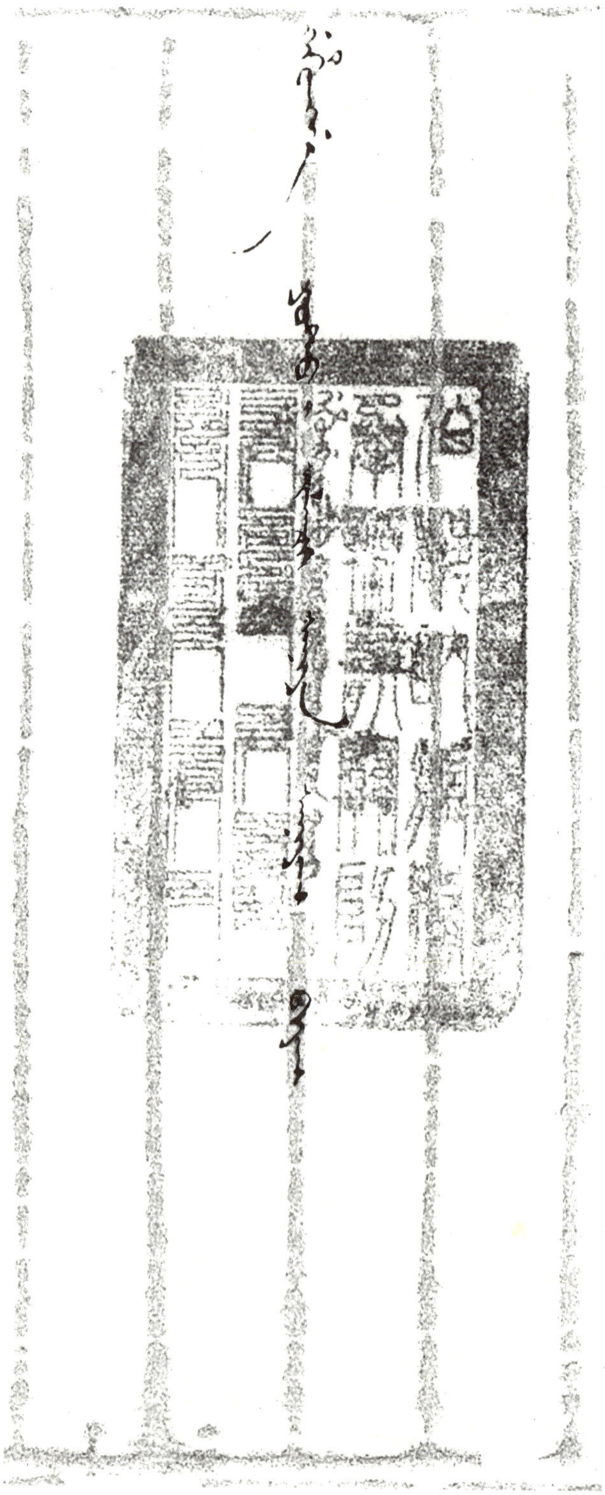

[illegible]

[illegible]

[illegible]

[illegible]

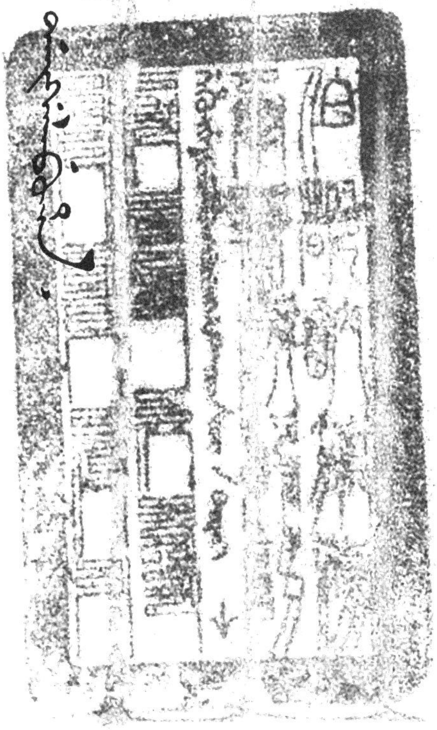

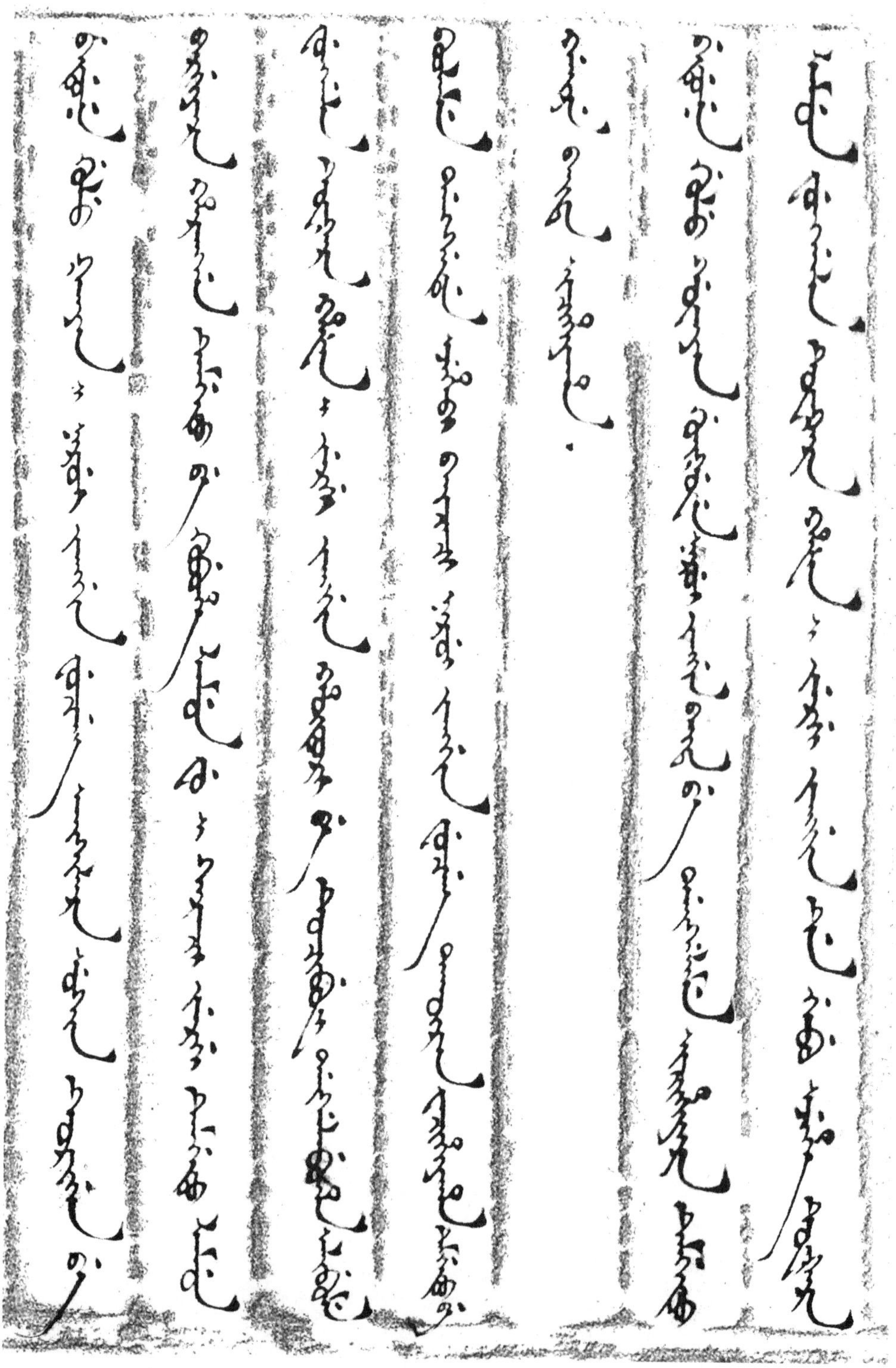

[illegible]

24 宁古塔旗务处为抄送升调伯都讷佐领蕴祥出身履历事咨伯都讷旗务处文

宣统二年三月一日

九一〇

3914

爲古塔旗務承辦處爲將
補行抄送墜授翊城佐領
鶴祥出身履歷之處等情
來文一件

宣統二年三月十三日

署科員榮興
書記長全壽
西成向
廉瀓

伯都讷四年秋季承办事宜

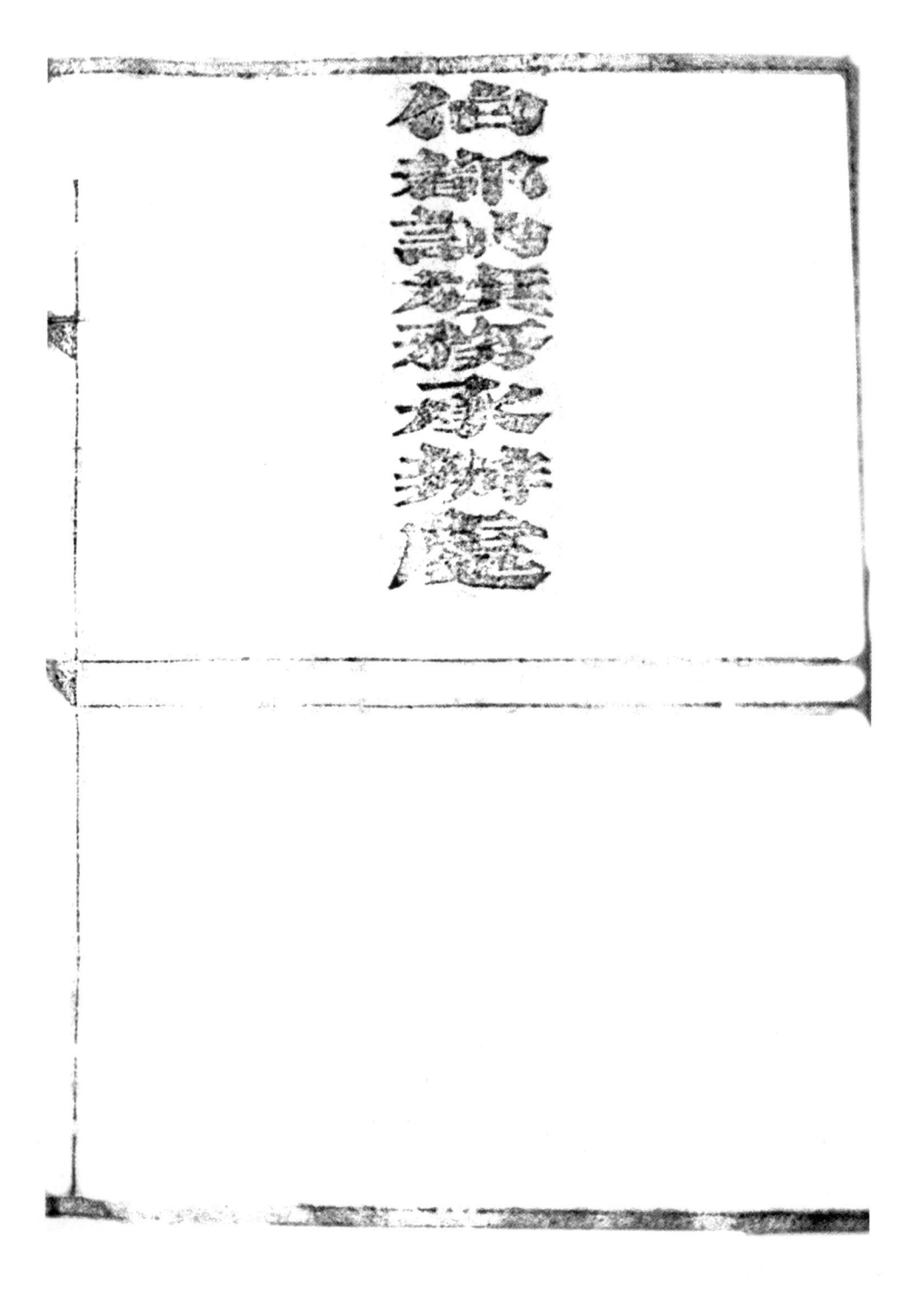

復慶之案勞情未文乙件

移

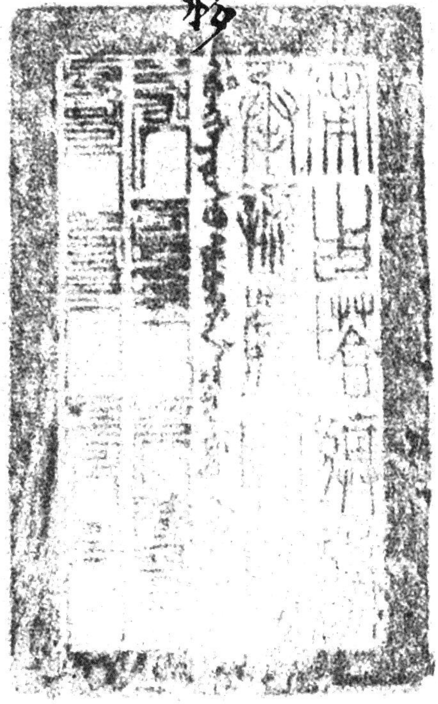

宣統二年三月十三日到

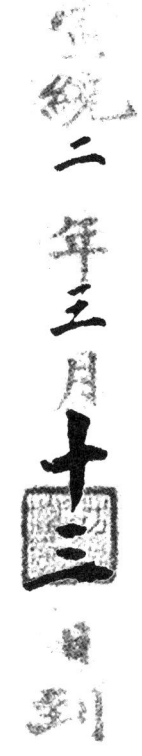

寧古塔旗務承辦處　為移付事於本年二月三十日准

吉林文報總局局長花翎留吉候補府正堂黃　移開本年二月二十一日據

和盛信局呈稱本年二月十三日接到文報總局發交吉字五十一號發當

公文一百六十八件馬封三十七件公信十九件繳回發單一捲當派脚夫任賜

明往長春遞送於十五日行至吉林府界石灰窑子地方適遇河口雪水融化行

中間被水冲倒該脚夫任賜明即時淹斃公文包袱全行冲去僅覓得屍骸

公文未獲理合呈報等情據此當經繳局覆查屬實事関公文要件並准

分行原發各處另行補發免悞要公除呈報外相應繕粘原發文件清單咨
文移行貴提調請煩查照另行補發以免貽悞施行等因前來當查粘單
内開塔城旗務處咨伯都訥左翼防禦成文咨伯都訥旗務處提調忠等公文各
一件均於正月二十四日晝行公文内抄送訥城佐領藴祥滿漢出身履歷文件内催取陞
授塔城防禦訥城驍騎校西良阿滿漢出身履歷既係被水冲失合將陞授訥城廂
白旗佐領藴祥滿漢出身履歷抄粘補行移送暨催取陞授塔城防禦訥
城驍騎校西良阿滿漢出身履歷抄送來塔以備造報之處今准移查補行

倫文移送為此移付

伯都訥旗務承辦處查核希為見覆可也須至移付者

右　　　　移

伯都訥旗務承辦處提調右翼花翎協領忠

宣統二年三月初一日

粘單

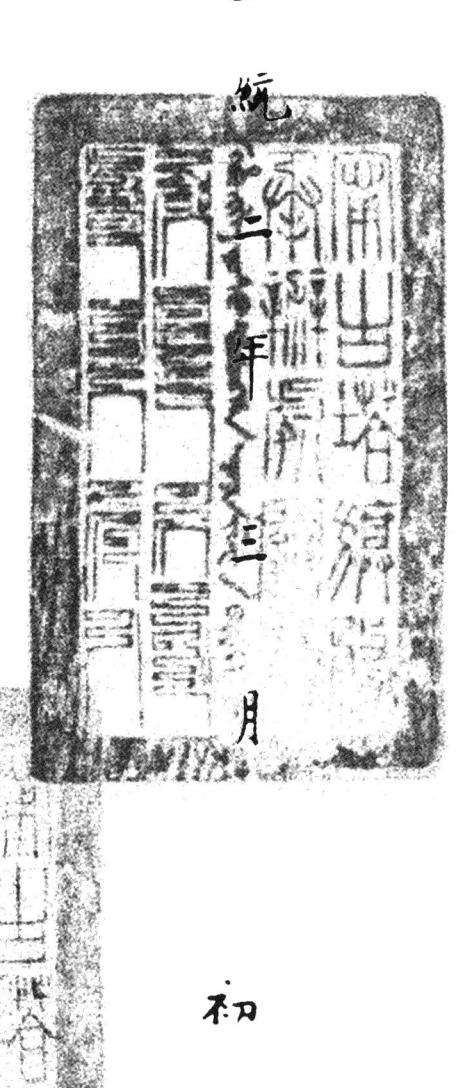

伯都訥廂白旗藍翎佐領蘊祥由駐防處陳敘係甯古塔廂黃旗烏勒喜蘇佐領下人

佛滿洲年四十五歲原係監生在左司當差於光緒十五年遵鄭工捐例報捐筆帖式補用於

十六年因差勤補放本處公倉筆帖式十八年調轉必爾罕站筆帖式於二十二年因積年文報

無阻案內經吉林電報總局保舉蒙

欽命吉林將軍長　賞換五品頂戴功牌於二十四年因辦黑龍江都魯河礦務案內出力蒙

欽命黑龍江將軍恩　彙案保　奏於是年十二月二十四日奉

旨賞戴藍翎欽此於二十九年八月初八日蒙

欽命吉林將軍長　揀放寧古塔廂黃旗烏勒喜蘇佐領下驍騎校常祥病故遺缺咨送
赴都於本年十二月十一日經部旗帶領引
見奉
旨蘊祥著補放驍騎校欽此三十年正月十五日恭逢
恩詔加一級於三十四年六月間蒙
欽差大臣東三省軍督部堂徐
欽命吉林巡撫部院朱　等揀放本處正藍旗防禦之缺於是年十二月十五日經
欽派王大臣驗放十八日覆奏奉

旨依議欽此以前任內有加一級因陞防禦照例改為紀錄一次於三十四年十一月初九日恭逢
恩詔加一級於宣統元年三月間蒙
欽差大臣東三省軍督部堂徐
欽命吉林巡撫部院陳 揀放伯都訥廂白旗佐領於是年六月初五日經部旗帶領引
見奉
旨着擬正蘊祥補授欽此任內有尋常加一級因陞佐領照例改為紀錄一次現有紀錄二
次並無加級亦無降革留任罰俸案件

[illegible]

[illegible]

25 伯都讷旗务承办处为报送大小官员出身满汉履历清册事呈吉林全省旗务处文

宣统二年三月九日

為將太尔官員出身滿漢履歷造册呈送

吉林旗務處由

月初九

二

行

初九日

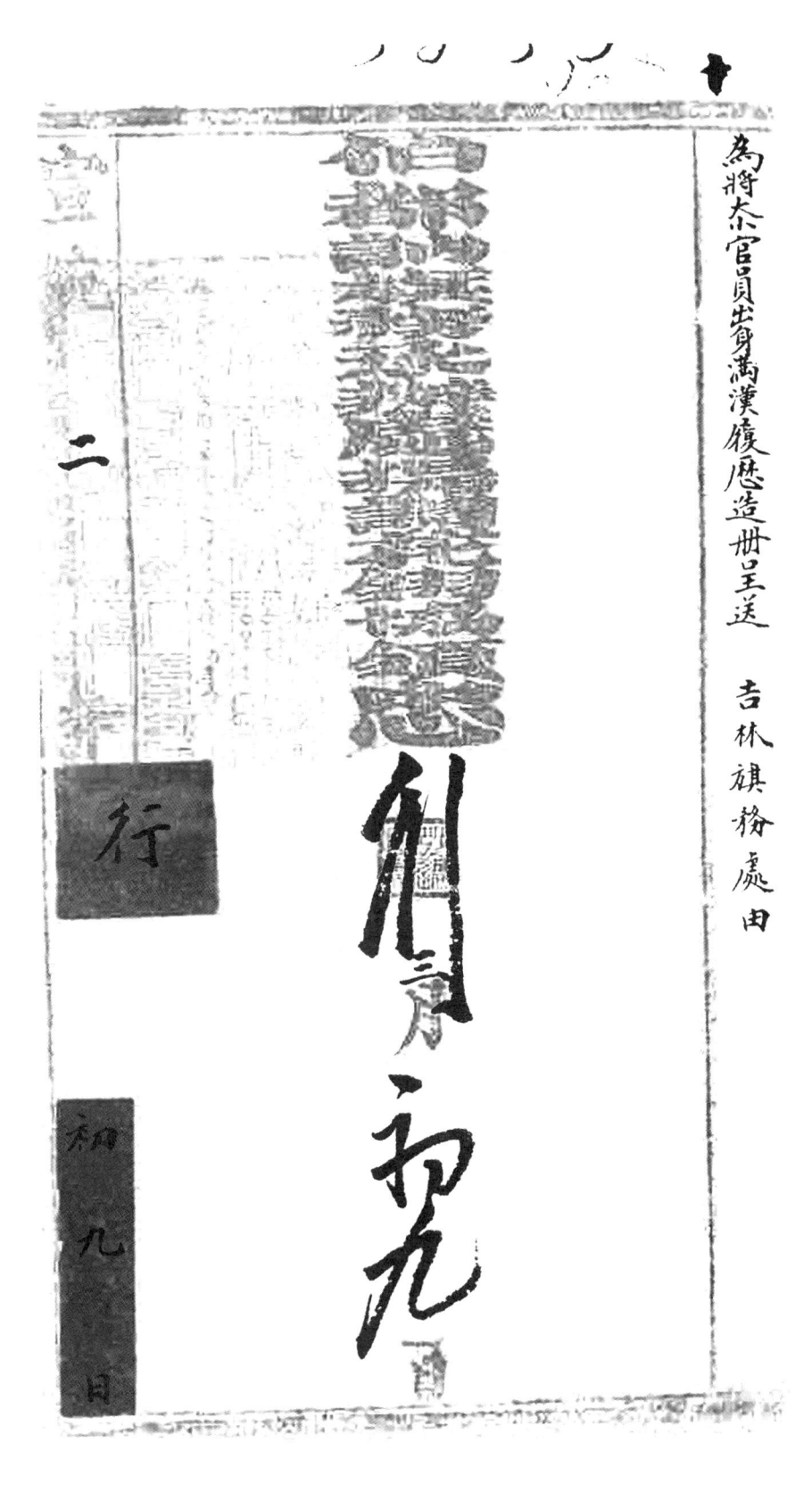

署理文牘庶務兩科科員文牘科書記長崇　興（押）

監用關防文牘科書記長全　壽（押）

庶務科書記長西成阿

監用關防庶務科書記長康　瀓（押）

伯都訥旗務承辦處提調花翎協領忠 為造冊呈
送事竊查本年春季應報職處現任大小官員
出身履歷有無加級紀錄並將加級紀錄銷去抵
免加級罰俸以及降革留任之處逐一查明連
世職並原品休致食全俸各官一併造具滿漢銜
用關防細冊各一本空白滿漢細冊各一本一併
夾板夾護由文報局所遞送再查副都統銜

已經裁撤改設旗務承辦處提調兼職陞授右翼協領未及赴引復行飭派該處提調以致職
之履歷未能添入其餘大小各官之履歷或裁
或添已在册内合併聲明謹此具文呈送為此合呈
憲台鑒核轉詳咨部施行須至呈者
計呈送
滿漢關防白册四本

右
呈
吉林全省旗務處
宣統二年三月

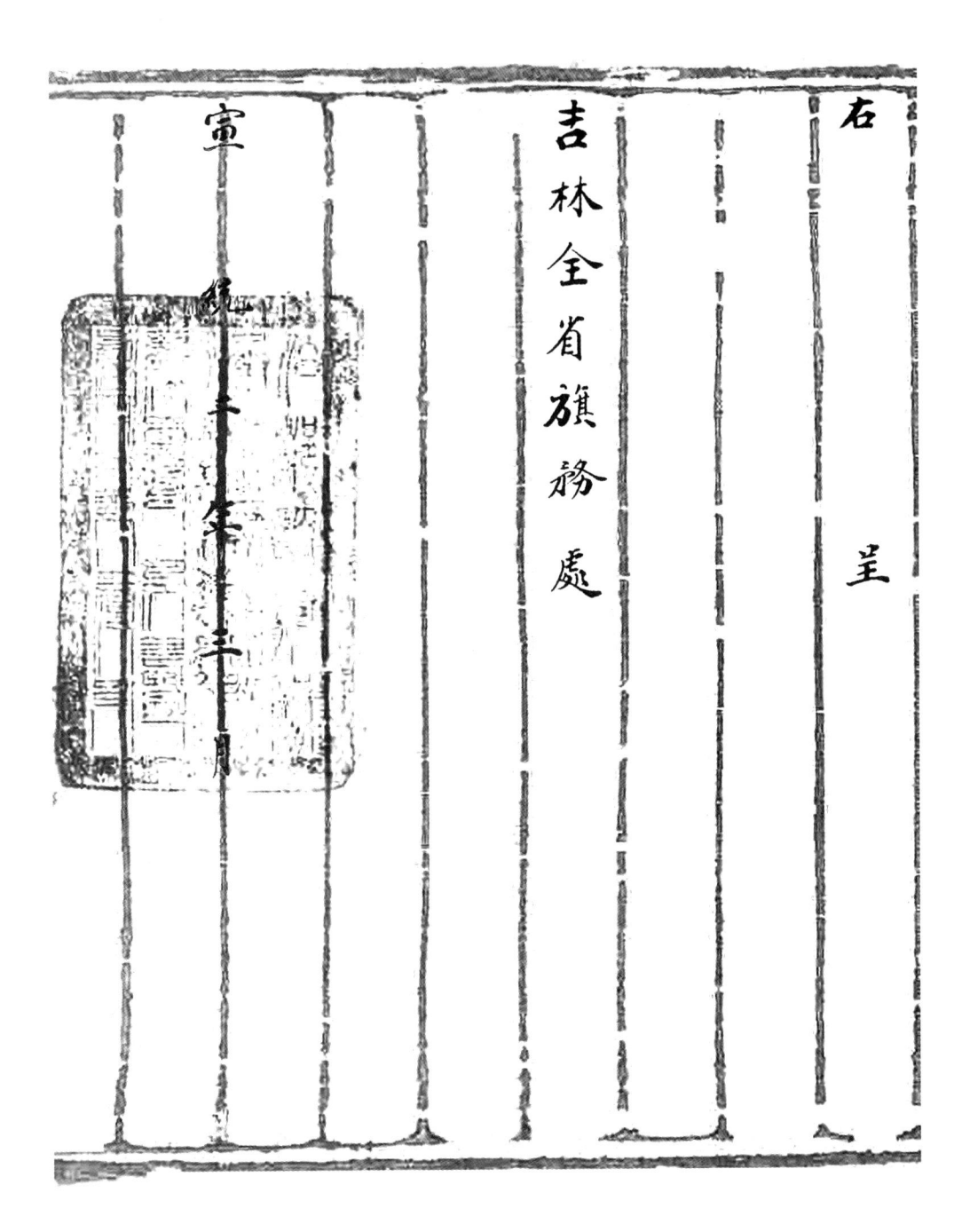

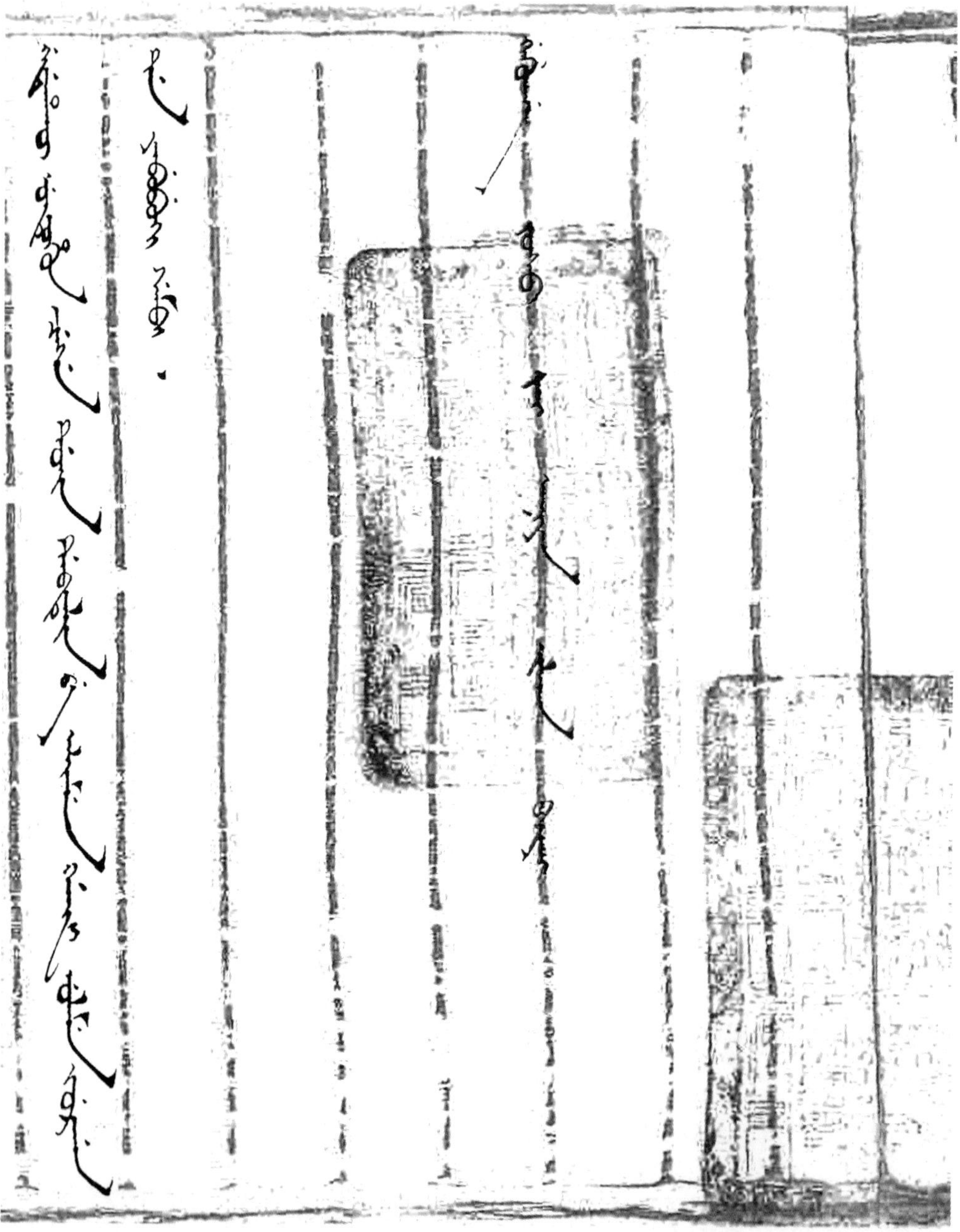

[illegible]

為造册呈送事竊查本年春季應報本處現任大小官
員出身履歷有無加級紀錄並將加級紀錄銷去抵
免加級罰俸以及降革留任之處逐一查明連世職
鈐用關防
並原品休致食全俸各官一併造具滿漢細册各一
本鈐用關防連空白滿漢細册各一本一併夾板夾
護由文報府所遞送再查副都統缺已經裁撤改設
旗務承辦處提調兼職陞授右翼協領未及赴引獲
行飭派該處提調以致職之履歷未能添入其餘大
小各官之履歷或裁或添已在册内[illegible]有合併聲明
謹此具文呈送為此合呈
憲台鑒核轉詳咨部施行

26 伯都讷旗务承办处为报送因公差出署理旗佐官员衔名清册事呈吉林全省旗务处文

宣统二年四月二十四日

4539

55

為將因公差出暑理旗佐官員銜名造册呈報 吉林旗務處由

封 四月 廿四

宣統 二

行

二十四日

署文牘科科員事務監用協領校崇興 書

文牘科書記長監用關防全壽 [illegible]

庶務科書記長西成阿 [illegible]

庶務科書記長監用關防廉澂差

伯都訥旗務承辦處提調花翎協領忠　為呈報

事案查前副都統衙門接准

將軍衙門來咨遵奉部文第自宣統二年

夏季起至秋季止此三個月內並無因公差出現屆應補秋季

之期合將本處此三個月內並無因公差出官員之

處理合具文呈報為此合呈

吉林全省旗務處鑒核施行須至呈者

呈送

清册一本

右　　呈

吉林全省旗務處

宣统二年四月　日

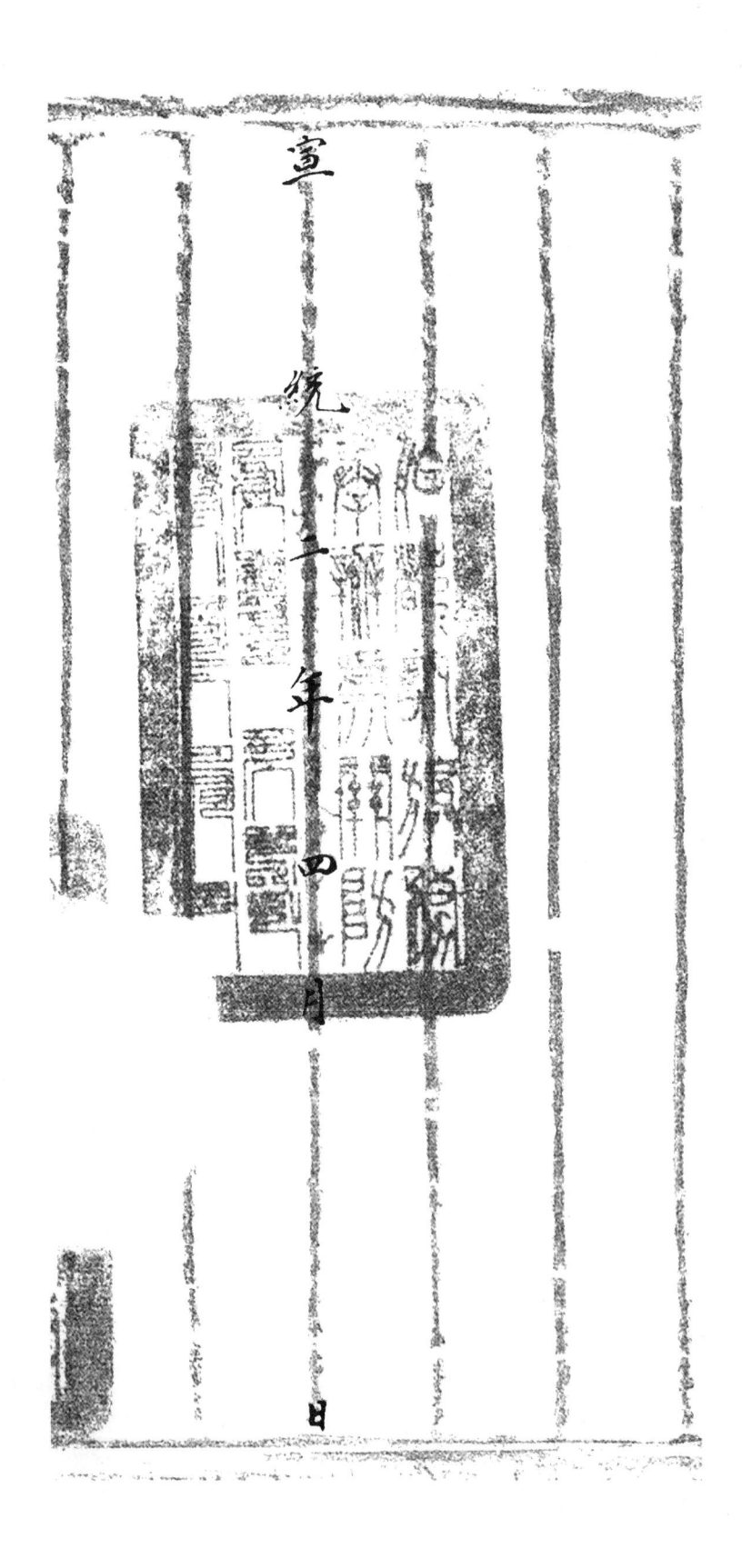

條

雙喜因派徵津貼差出其
十八日當派本旗雲騎尉札瑋
該佐領雙喜現於本年四月
差是日接理鈐記

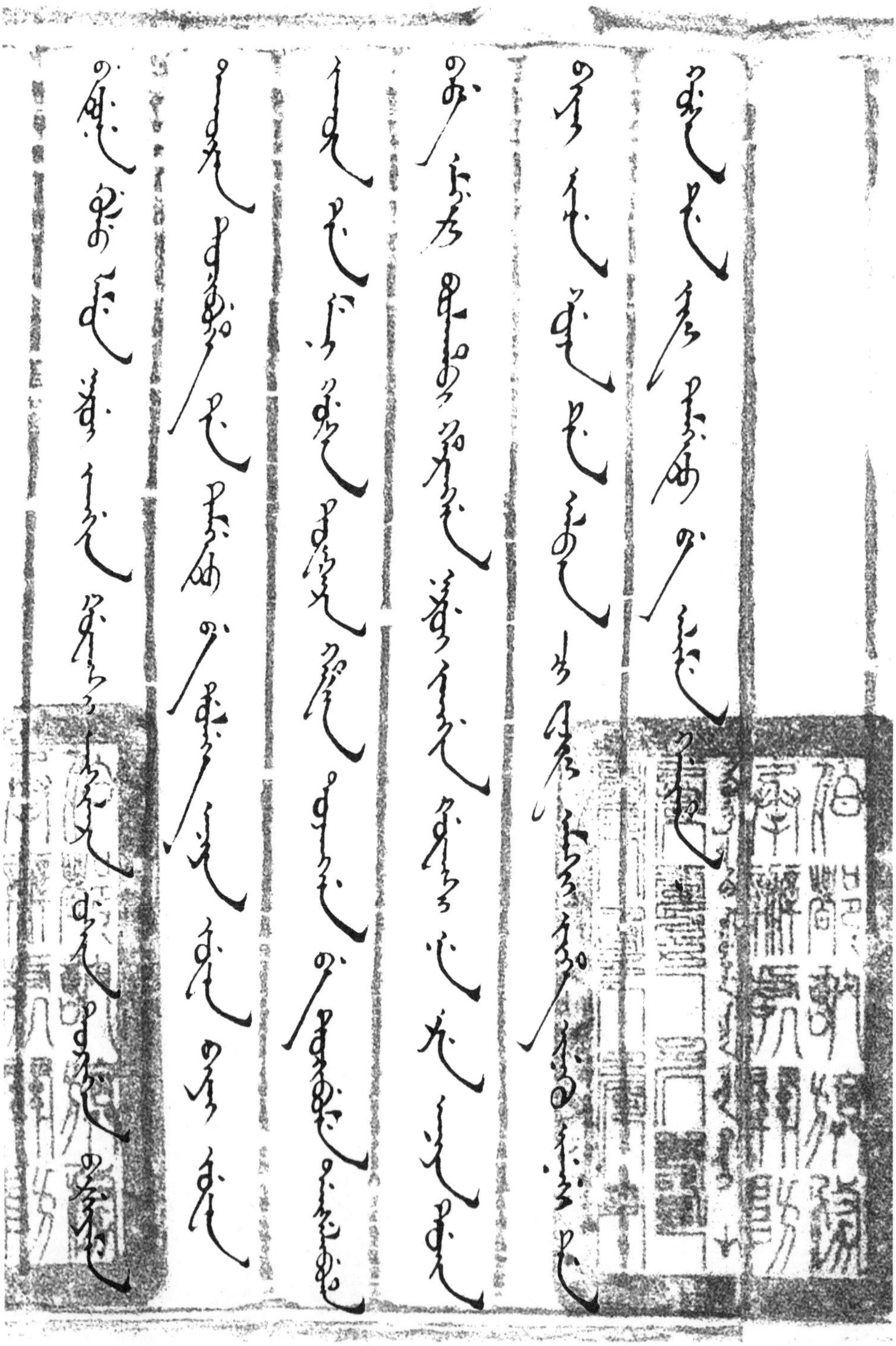

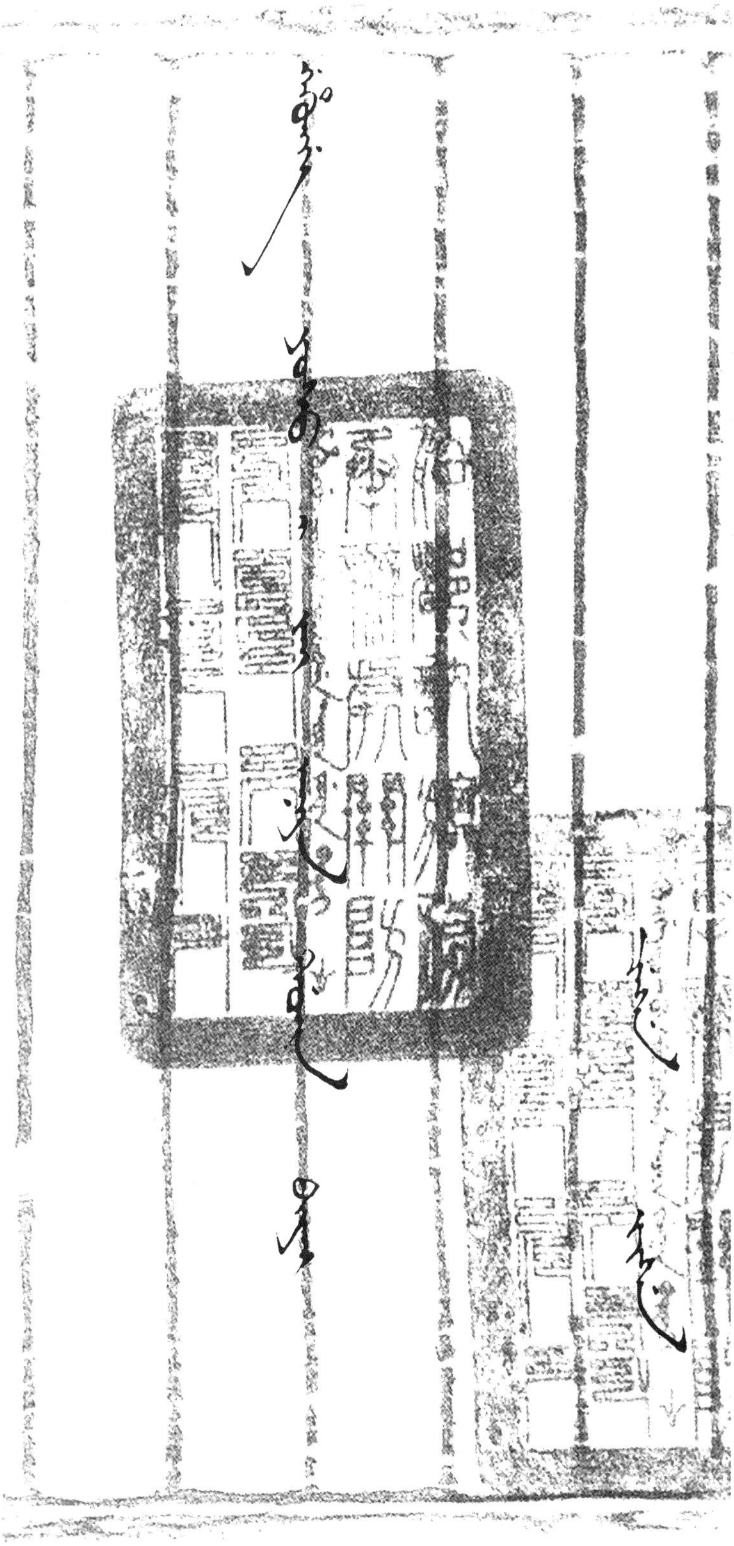

[illegible]

27 伯都讷旗务承办处为望祭长白山需用活兔事呈吉林全省旗务处文

宣统二年七月二十二日

為將望祭
長白山需用活鹿呈報
吉林旗務處由

七月廿二

宣統二年
行
二十二日

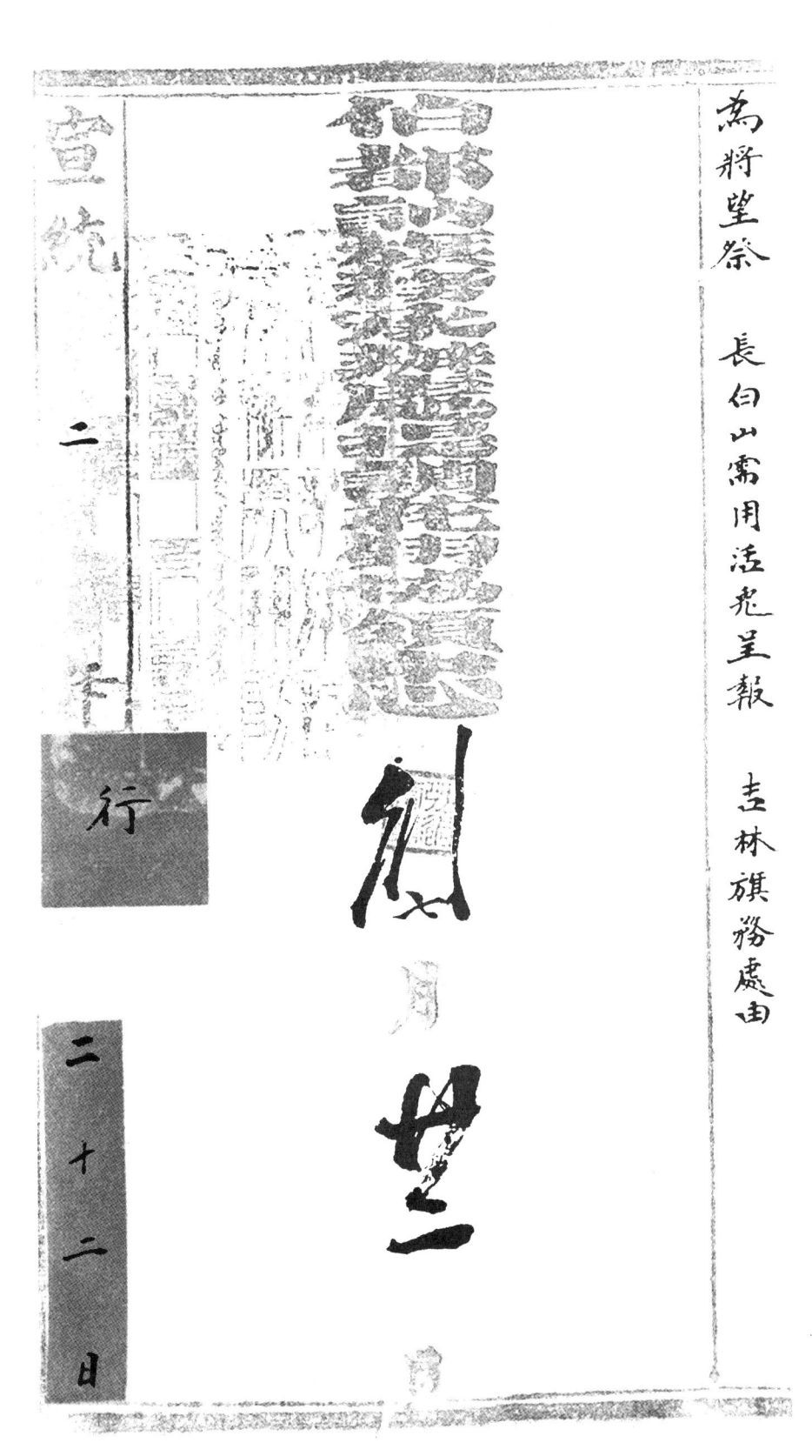

文牘科科員藍翎驍騎校 崇興

文牘科藍翎副科員 金壽

庶務科科員藍翎裁缺八品筆帖式 富克精阿

署庶務科科員藍翎副科員 丙成阿

署庶務科副科員書記長 廉溦

監用關防文牘科書記長 恩隆阿

兼庶務科書記長擬陞驍騎校 常慶

監用關防庶務科書記長 惠廉

伯都訥旗務承辦處提調花翎協領忠　為
呈報事於本年秋季望祭
長白山需用活兎當經職處出派官兵捕得活兎
四隻飭交領催委官成志往送之處理合具文
呈送為此合呈
吉林全省旗務處鑒核查收施行須至呈者
右　　呈

吉林全省旗務處

宣統二年七月　日

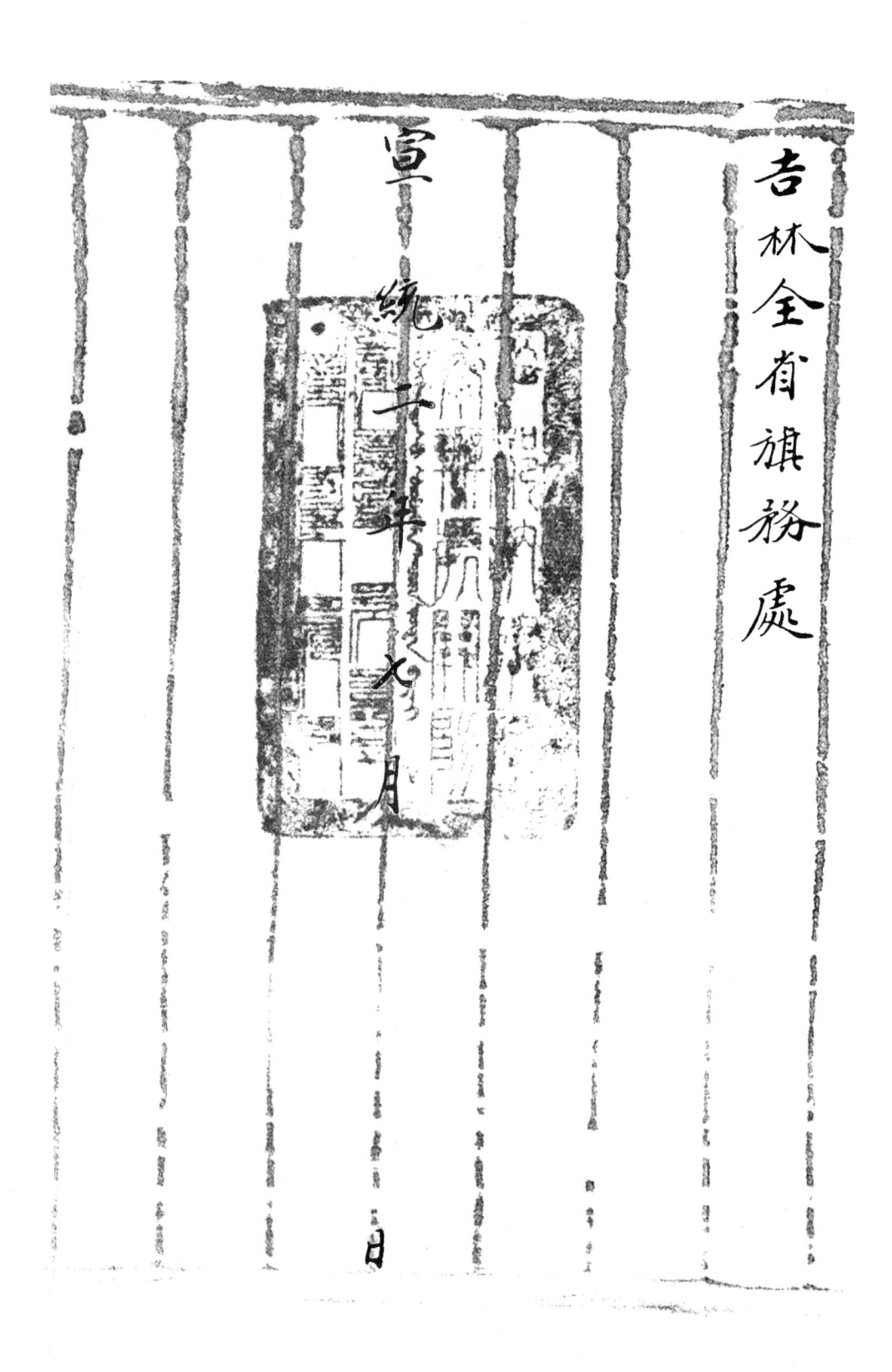

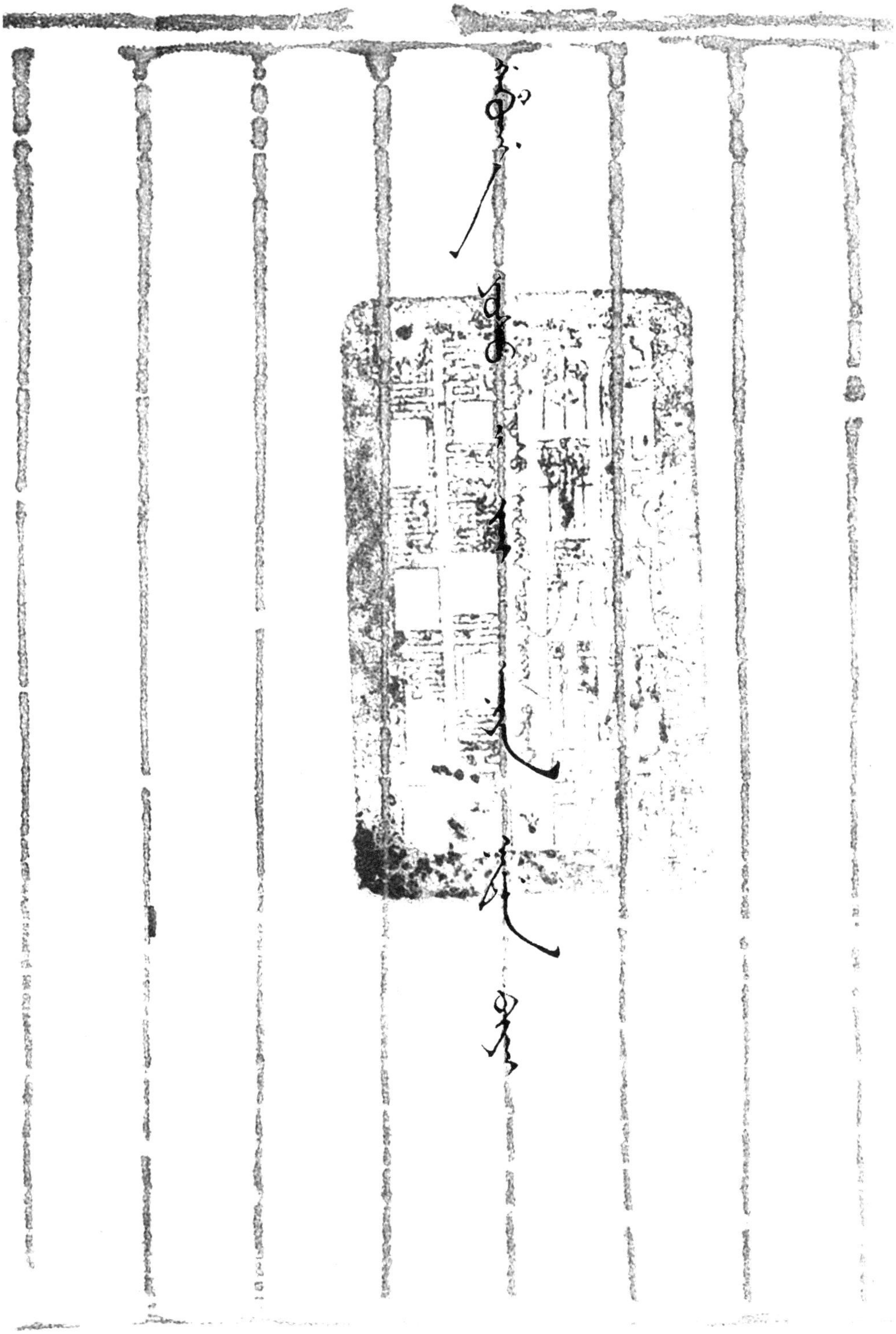

28 伯都讷旗务承办处为给过看守监犯兵丁等置买灯油银两数目事呈吉林全省旗务处文

宣统二年八月十二日

為將給過看守監犯兵丁等置買燈油銀兩數目呈報 旗務處鑒核由

行 八月十二日

宣統二年 行 十二日

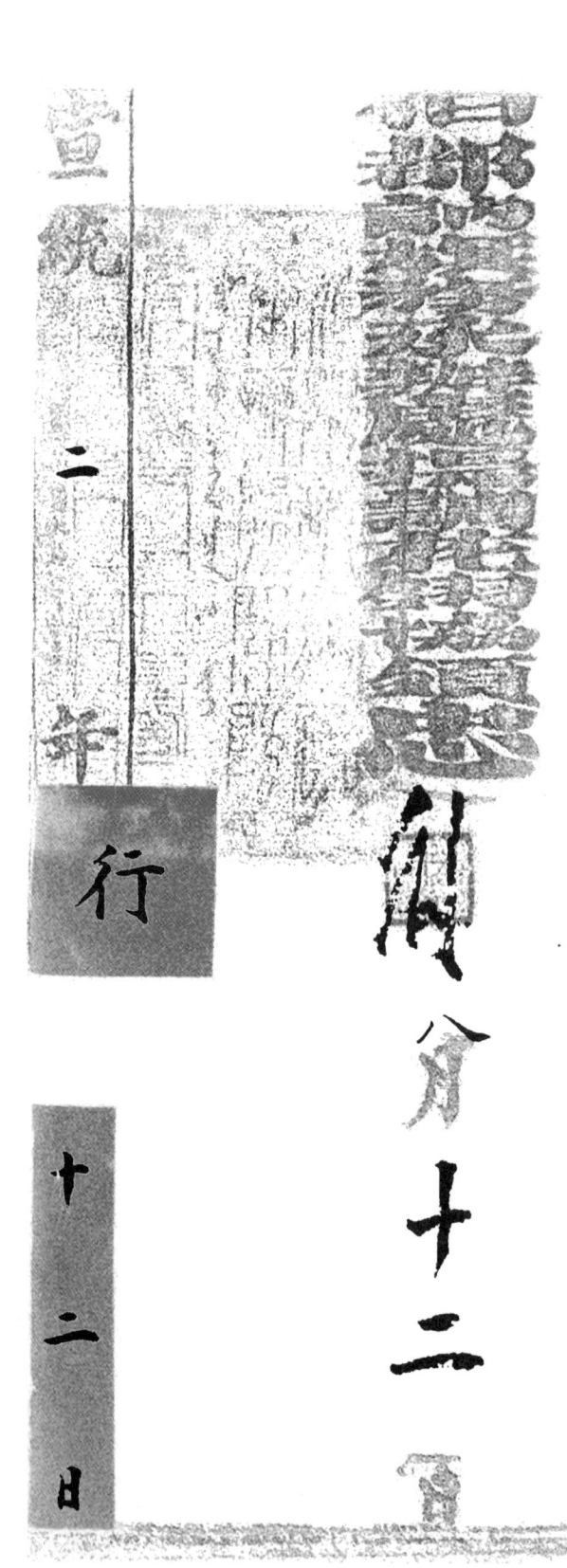

文牘科科員正白旗驍騎校 崇興

文牘科藍翎副科員 全壽

庶務科科員藍翎裁缺八品筆帖式 富克精阿

署庶務科科員藍翎副科員 西成阿

署庶務科副科員書記長 康澂

監用關防文牘科書記長 恩隆阿

兼庶務科書記長擬陪驍騎校 常慶

監用關防庶務科書記長 惠廉

伯都訥旗務承辦處　爲造送發給看守監獄
兵丁等燈油銀兩數目清册事

計開

看守裡獄兵丁等自宣統元年正月初一日起至十
月十五日裁撤前一日止連閏一月計十個月十四日
内除小建五日外計三百零九日每日給油八兩共
油一百五十四觔八兩每觔價銀二分計給過銀三兩

零九分
看守外獄兵丁等自宣統元年正月初一日起至十
月十五日裁撤前一日止連閏一月計十個月十四
日内除小建五日外計三百零九日每日給油一觔
四兩共油三百八十六觔四兩每觔價銀二分計給
過銀七兩七錢二分五厘
以上統共給過銀十兩零八錢一分五
厘理合登明須至册者

[illegible]

29 伯都讷旗务承办处为报送公仓谷石动存数目事呈吉林全省旗务处文

宣统二年八月十二日

為將公倉谷石動存數目呈報 旗務處鑒核由

宣統二年八月十二日

行 十二日

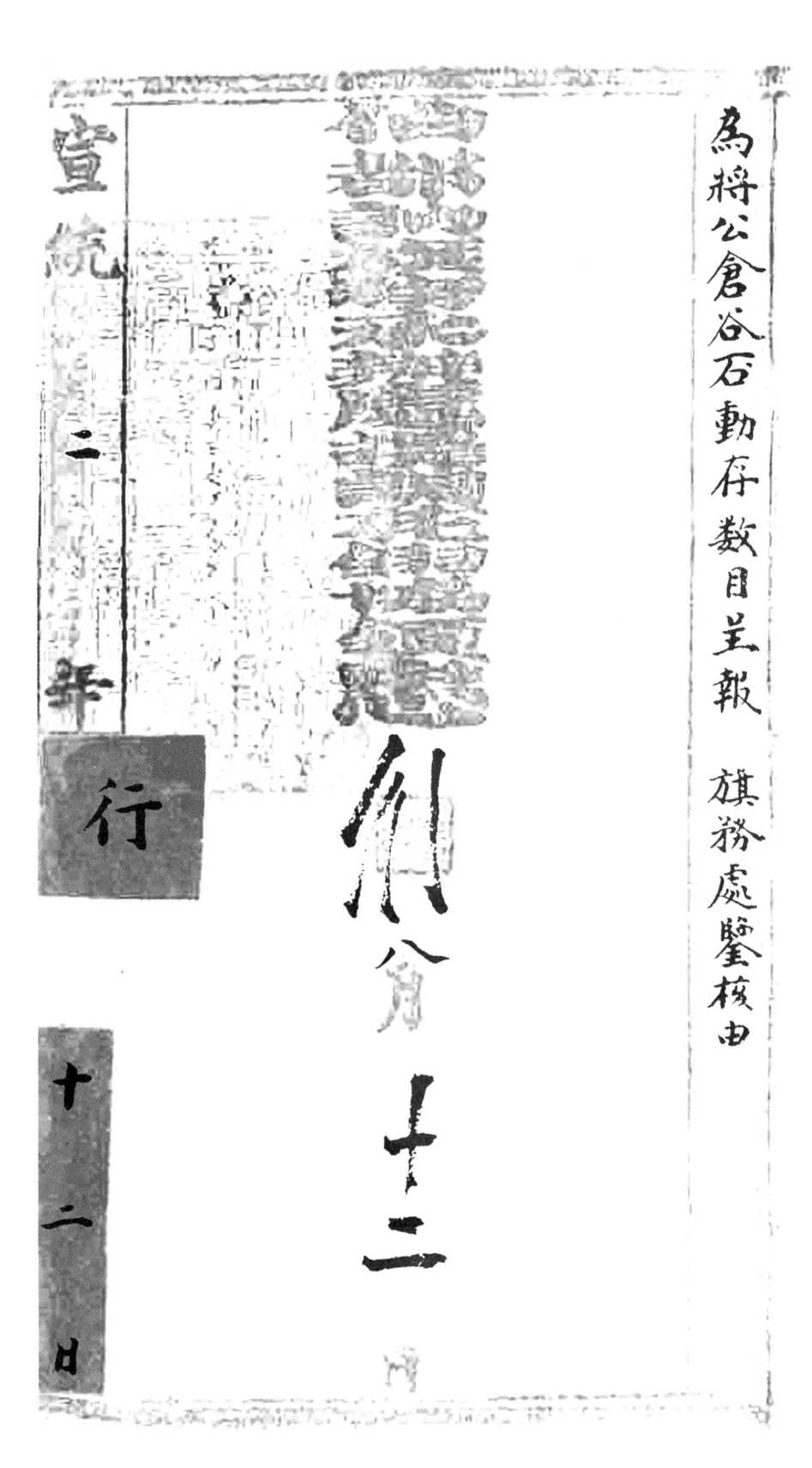

文牘科科員藍翎驍騎校崇興

文牘科藍翎副科員金壽

庶務科科員藍翎裁缺八品筆帖式富克精阿

署庶務科科員藍翎副科員丙成阿

署庶務科副科員書記長康澂

監用關防文牘科書記長恩隆阿

兼庶務科書記長撥陪驍騎校常慶

監用關防庶務科書記長惠康

伯都訥旗務承辦處　為造送宣統元年分公倉
穀石動存數目清册事
計開
舊管
光緒三十四年年底報銷賸存額谷一萬三千二百八十
倉石零八斗八升三合八勺
光緒三十二年徵收耗糧内除銷剩存谷十八倉石

光緒三十三年徵收耗糧内除銷剩存谷三十六倉石此二項
共谷五十四石等因造報在案
新收
宣統元年分官庄壯丁等應交納額谷一千八百倉石共谷一萬
五千零八十倉石零八斗八升三合八勺内
開除
一發給八品筆帖式塔清阿翰章阿富克精阿等三員每員

春秋兩季支米二十八斛計折給谷八十四倉石
一發給九品庫筆帖式倭喜琿春秋兩季支米二十一斛五升計
折給谷二十一倉石一斗
一發給七品倉官富山春秋兩季支米三十三斛計折給谷三十三
倉石
一發給由領催挑補無品級筆帖式增符春一季支米十五斛一
斗計折給谷十五倉石二斗

一發給由領催挑補無品級筆帖式台斐英阿秋一季支米十五
斛一斗計折給谷十五倉石二斗
一發給由領催挑補食無品級倉場筆帖式餉銀年滿倉官薩
霖春一季支米十五斛一斗計折給谷十五倉石二斗
一發給由領催挑補無品級筆帖式德克錦保秋一季支米十五斛
一斗計折給谷十五倉石二斗
一發給由領催挑補食無品級筆帖式餉銀年滿倉官峻陞

霖春一季支米十五斛一斗計折給谷十五倉石二斗

一發給由領催挑補無品級筆帖式德克錦保秋一季支米十五斛

一斗計折給谷十五倉石二斗

一發給由領催挑補食無品級筆帖式餉銀年滿倉官峻陞

一發給由領催挑補食無品級筆帖式餉銀年滿教習托精阿

一發給由領催挑補無品級筆帖式文祥

一發給由領催挑補滿蒙繙譯無品級筆帖式德俊

一發給由領催無品級倉場筆帖式挑補滿教習慶祥
一發給由領催挑補驛站無品級筆帖式魁海德克錦佈等七
員名每員名春秋兩季支米三十斛二斗計折給谷二百一
十二倉石八斗
一發給出征陣亡驍騎校九成之妻孀婦一名口春秋兩季支米
三十斛計折給谷三十倉石
一發給前鋒永順之妻孀婦一名口春秋兩季連閏一月支米

十九斛二斗五升計折給谷十九石五斗

一發給披甲海隆阿　成順　托木松阿　喜順　佈勒吉德

成順　德山　春林　永德　和春之妻孀婦等十名口每名

春秋兩季連閏一月支米十三斛計折給谷一百三十倉石

一發給醫官高福陞家屬十二名口自宣統元年正月初一日起

至十二月底止連閏一月除小建六日外計三百八十四日每名口日

支米八合三勺計折給谷七十六倉石四斗九升二合八勺

一發給畬役七名仵作二名自宣統元年正月初一日起至十二月
底止連閏一月除小建六日外計三百八十四日每名日支米八合三
勺計折給谷五十七倉石三斗六升九合六勺
一發給榆樹縣羈獄犯人口米折給谷二百零六倉石零五
升五合八勺
以上統共給過谷九百三十一倉石一斗一
升八合二勺

光緒三十二年徵收耗粮内照例三年銷
除宣統元年末季銷谷十八石
光緒三十三年徵收耗粮内照例三年銷
除宣統元年二季銷谷十八石外
實在
現存谷一萬四千一百四十九倉石七斗六升
五合六勺内除前官庄庄頭王萬年陳欠

額谷六百二十八倉石又欠三十三年分額谷
四百四十七倉石又欠三十四年分額谷五百一
十五倉石又欠宣統元年分額谷六百倉石
中官庄庄頭郭景春陳欠額谷二百八十七倉
石又欠三十三年分額谷五百一十一倉石五斗又
欠三十四年分額谷四百八十二倉石又欠宣統元
年分額谷六百倉石後官庄庄頭劉玉陳

欠額谷四百三十倉石又欠三十三年分額谷
四百四十九倉石五斗又欠三十四年分額谷六
百倉石又欠宣統元年分額谷六百倉石巳
換庄頭齊廣全陳欠額谷三十九倉石五斗
又經公倉監督倉官等呈報倉内現存霉
爛泛塊成灰不堪著手額谷二百三十三倉
石一斗四升七合三勺又巳故倉官薩霖欠谷

三百八十七倉石五斗又八旗十二佐欠交還倉
谷二千二百五十倉石又廂藍旗頭佐欠交還
倉谷五十七倉石五斗又已故倉塲筆帖式薩
勒剛阿欠谷一百六十五石四斗三升九合六勺
又前經已故倉官薩霖呈報漏雨霉爛挪
移西廒傷損谷二百倉石又經公倉監督倉
官等呈報前任倉官薩霖手虧谷六百三

十一倉石四斗八升三合八勺又除去歲經省

派任委員來詞盤查公倉虧額谷一千

零九十三倉石九斗五升五合七勺外現存

額谷二千九百四十一倉石二斗三升九合三勺

光緒三十三年徵收耗粮內除銷剩存谷十

八倉石

光緒三十四年官庄壯丁等交納額谷一千

八百倉石每倉石照例徵收耗粮三升計
應徵耗粮谷五十四倉石該官庄欠未呈交
宣統元年官庄壯丁等應交額谷一千八
百倉石每倉石照例徵收耗粮三升計應
徵耗粮谷五十四倉石該官庄欠未呈交
共存耗粮谷十八倉石理合登明須至冊者

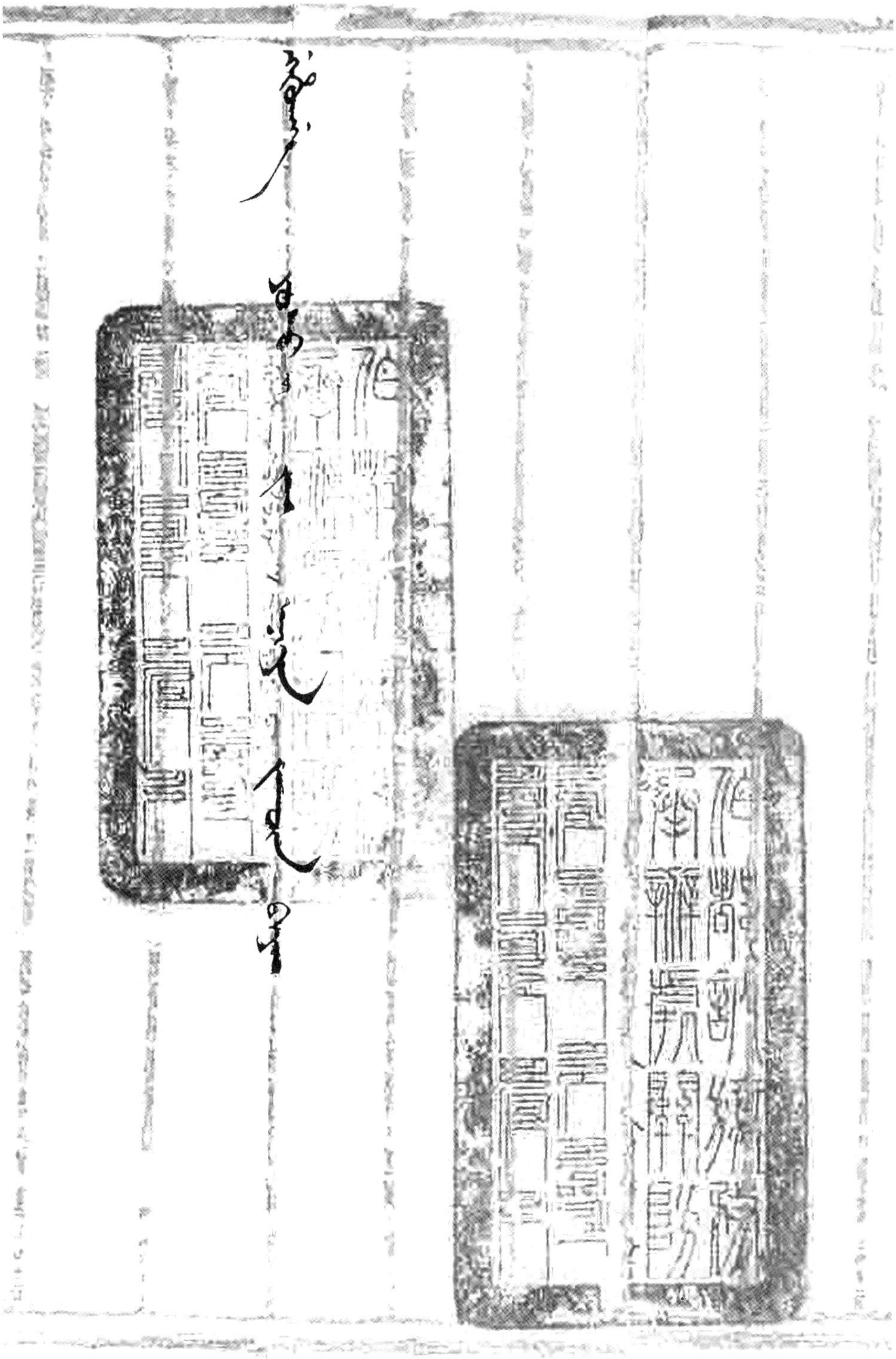

[illegible]

[illegible]

[illegible]

[illegible]

[illegible]

[illegible]

[illegible]

[illegible]

[illegible]

[illegible]

[illegible]

[illegible]

[illegible]

[illegible]

[illegible]

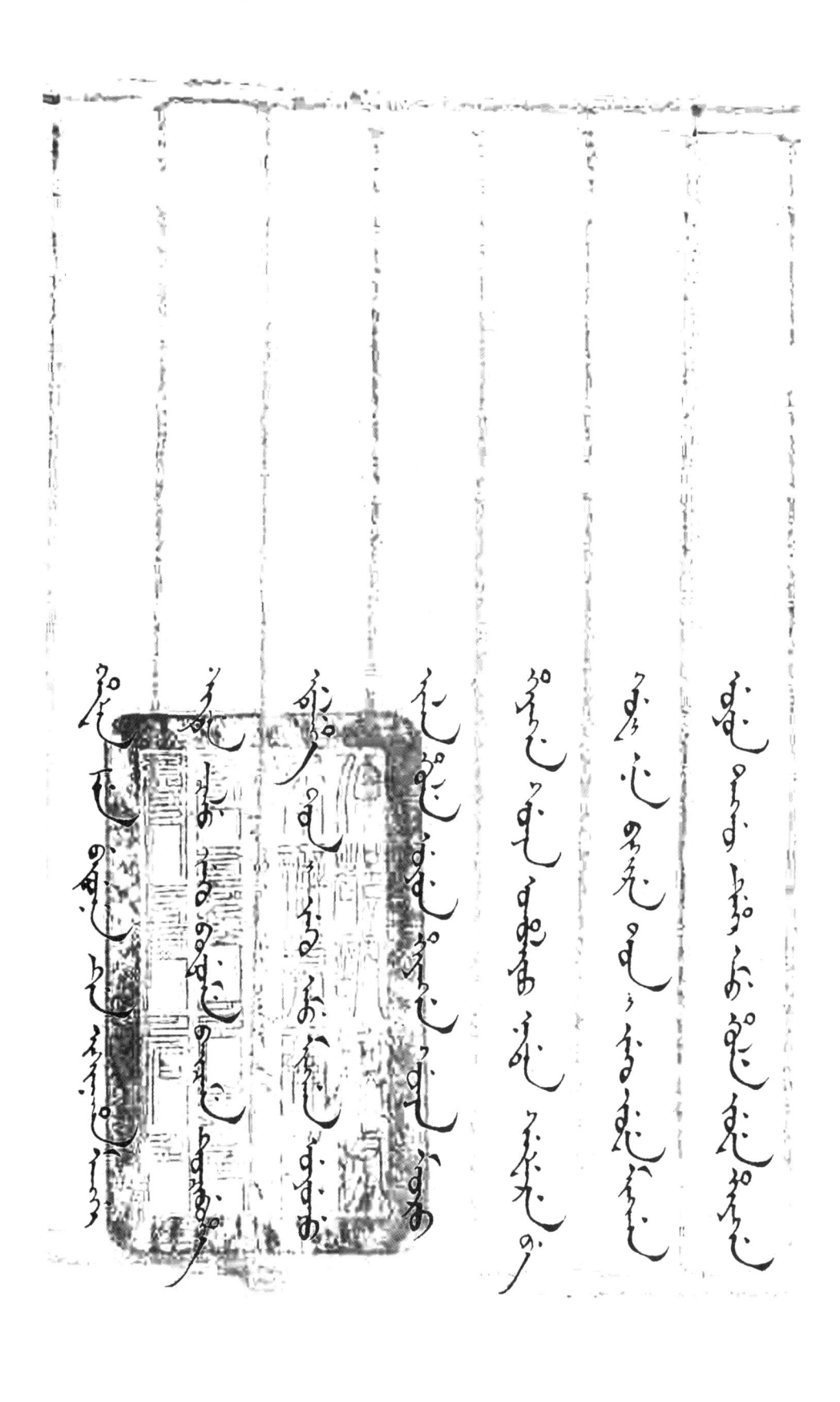

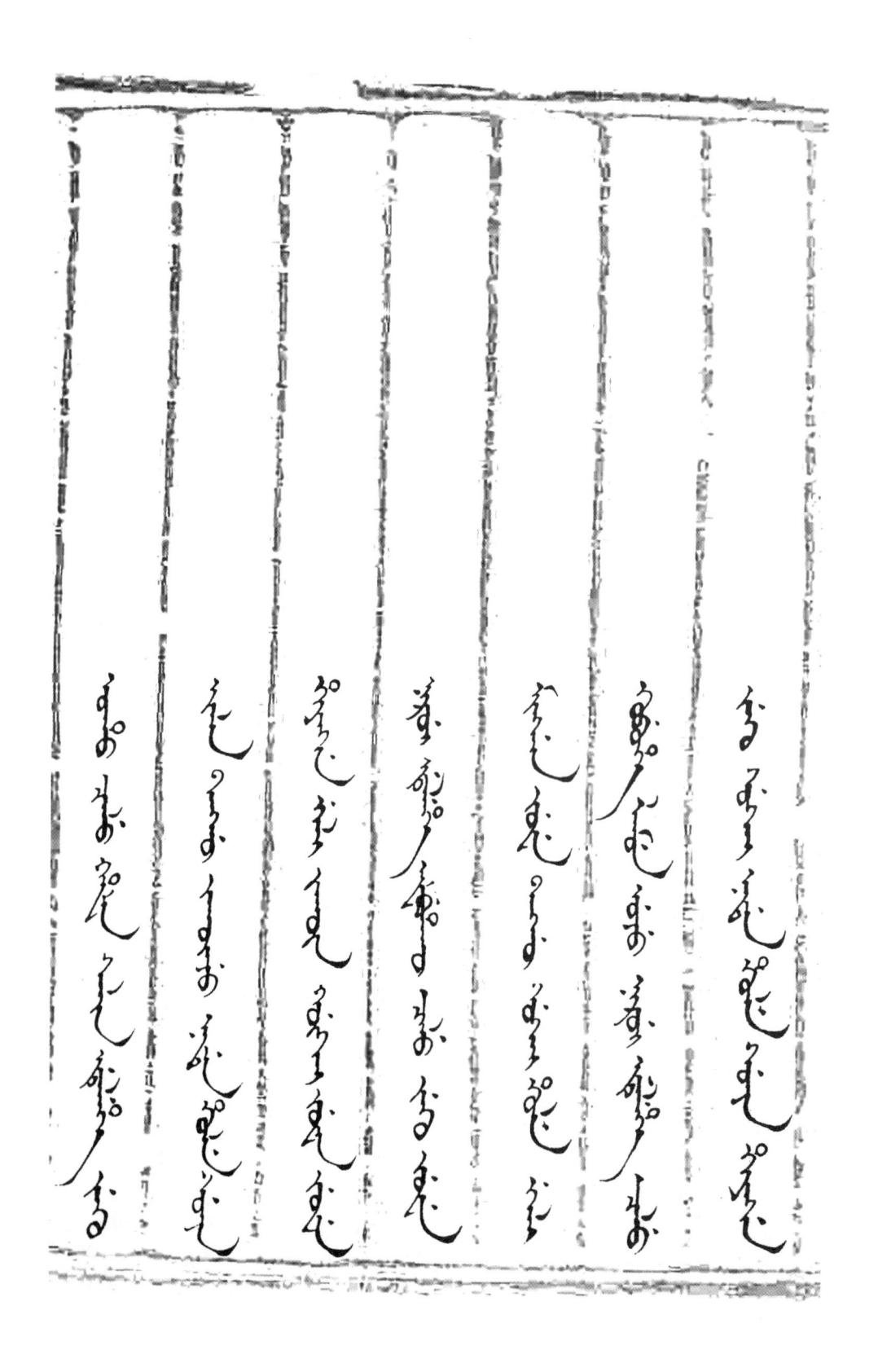

[illegible]

[illegible]

[illegible]

[illegible]

[illegible]

[illegible]

[illegible]

[illegible]

[illegible]

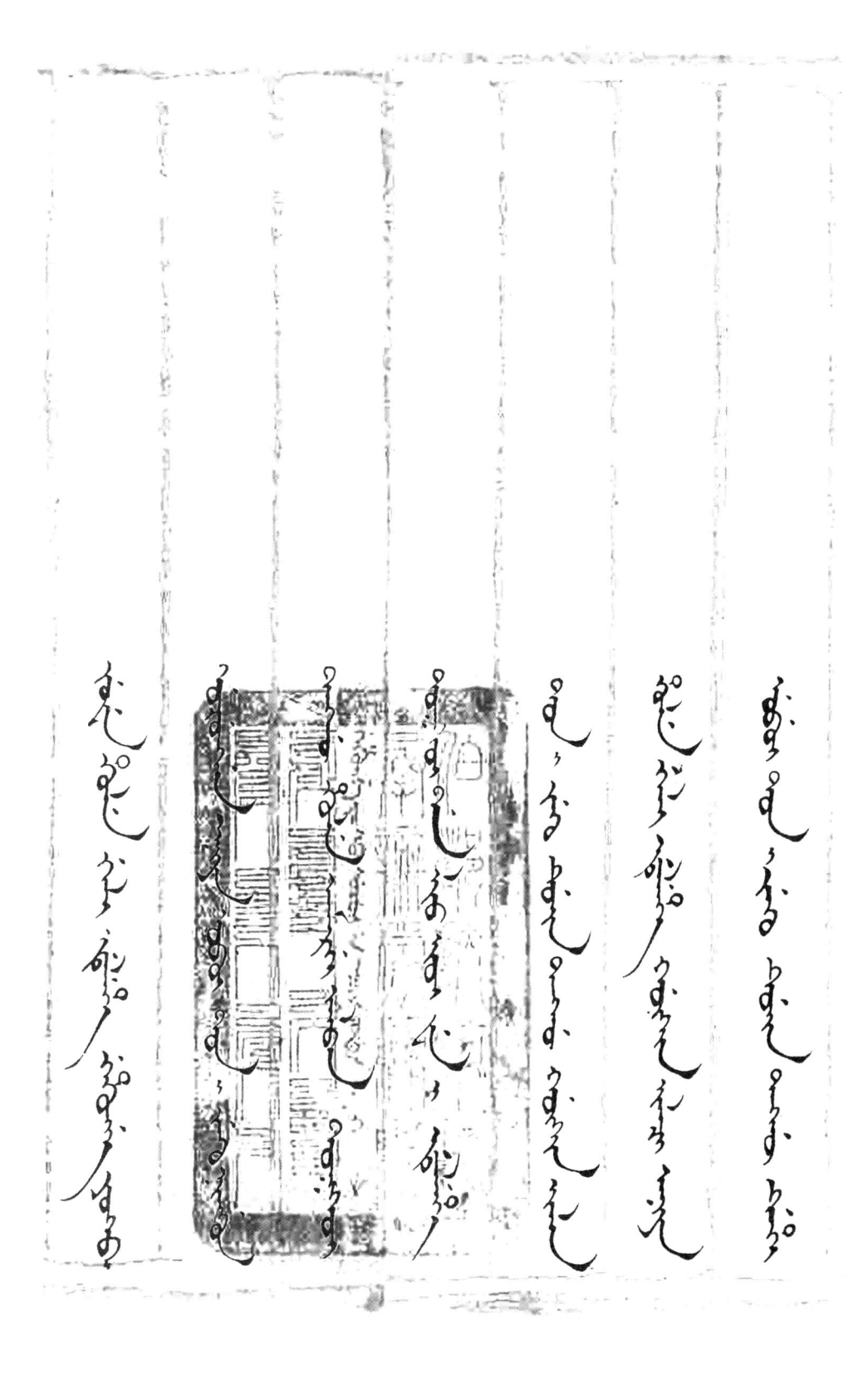

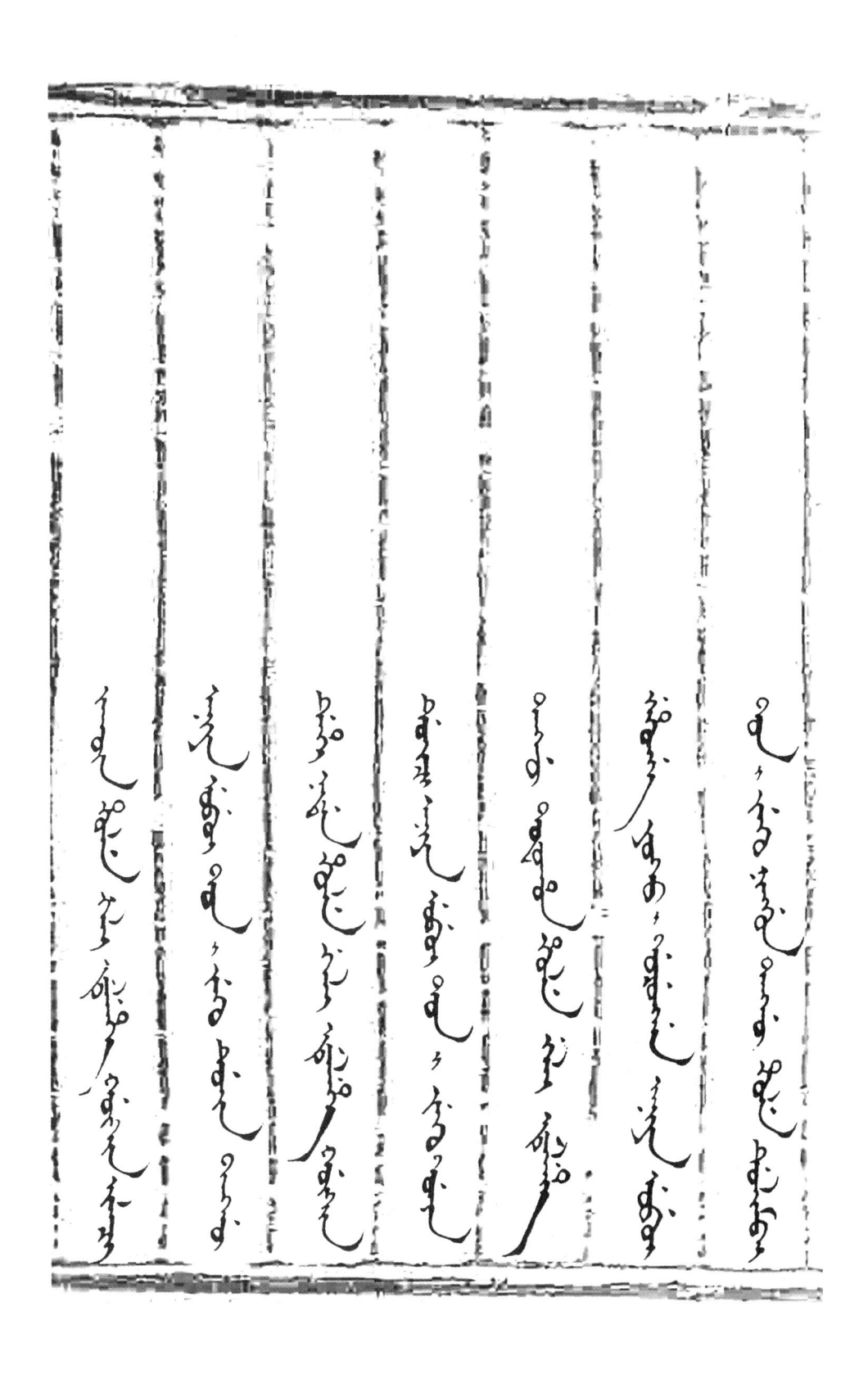

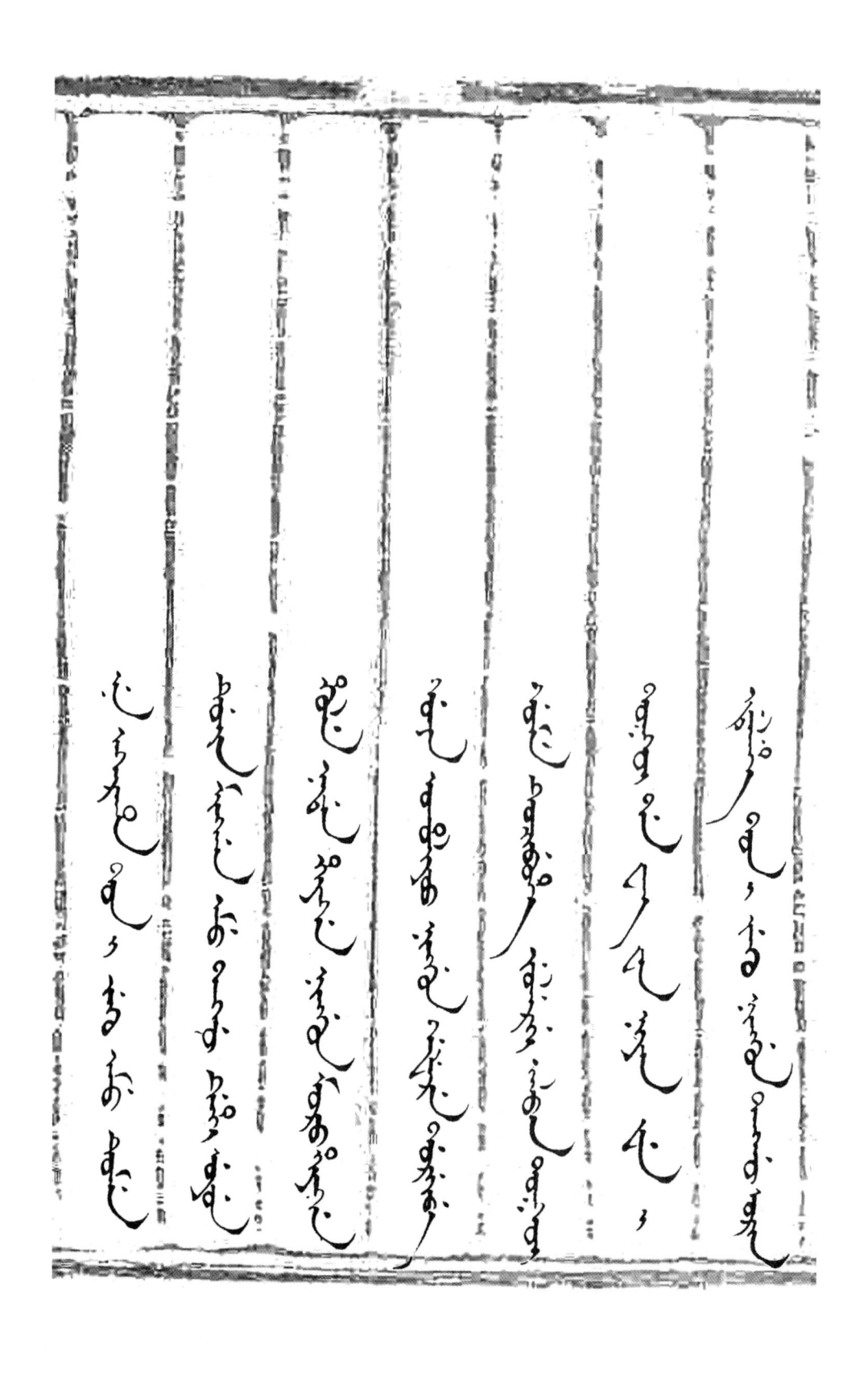

ᠨᠣᠶᠠᠨ ᠪᠠᠶᠠᠨ

ᡩᠣᠨ ᠪᡝ ᡤᡳᠶᠠ

ᡩᠣᠨ ᡨᡠᠸᠠᠪᡠᡥᡝ ᡨᡠ ᠮᡳᠨ ᡨᡠᠨ

ᡤᡳᠰᡠᠨ ᡨᡠᠸᠠᠪᡠ ᡤᡳᠰᡠᡵᡝᠨ ᠰᡳᠨ ᡳ ᡨᡠᠪᡳ

ᠮᡠᡩᠠᠨ ᡩᡠᡳᠨ ᠰᡳᠨ ᡩᠣᠨ ᡨᡠᠸᠠᠪᡠᡥᡳᠨ ᠪᡝᡳᠯᡝ

ᠮᡠᡩᡳᠨ ᠪᠣᠯᡤᠣᠨ ᠰᠣᠣ ᠪᠣᡤᠣᠰᠣ ᡤᡠᠪᠠ

ᠪᠣᡵᠣᠨ ᠰᠣᠣᡥᠣ ᡤᠣᡵᠣᠨ ᠨᠠᠮᡠ ᠰᡳᠨ

ᡨᡠᠸᠠ ᠰᡠᠯᡝ ᠪᠣᡳ

ᠵᠠᡴᡡᠨ ᡤᡡᠰᠠᡳ ᠨᡳᡵᡠᡳ ᠪᠣᡧᠣᡴᡡ ᡩᡝ

ᠪᠣᡧᠣᡴᡡ ᠰᡝᠮᡝ᠈ ᡤᡳᠰᡠᡵᡝᠨ ᠵᠠᠯᡳ

ᠠᡳᠯᡳᠨ ᠵᠠᠯᡳ ᠨᡳᠶᠠᠯᠮᠠ ᠨᡳᡵᡠᡳ ᠪᠣᡧᠣᡴᡡ

ᠰᡳᠯᡳᠨ ᠪᡝ ᠨᠣᠣ ᠪᠠᡳᠴᠠᠮᡝ ᠠᡳᠮᠠ

ᠪᡝᡳᡩᡝᠮᡝ ᠪᠠᡳᠴᠠᠮᡝ᠈ ᡤᡳᠰᡠᡵᡝᠨ ᠪᠠᡳᡨᠠ ᠠᠯᡳᡥᠠ

ᡨᠣᠣ ᡤᡝᠰᡝ

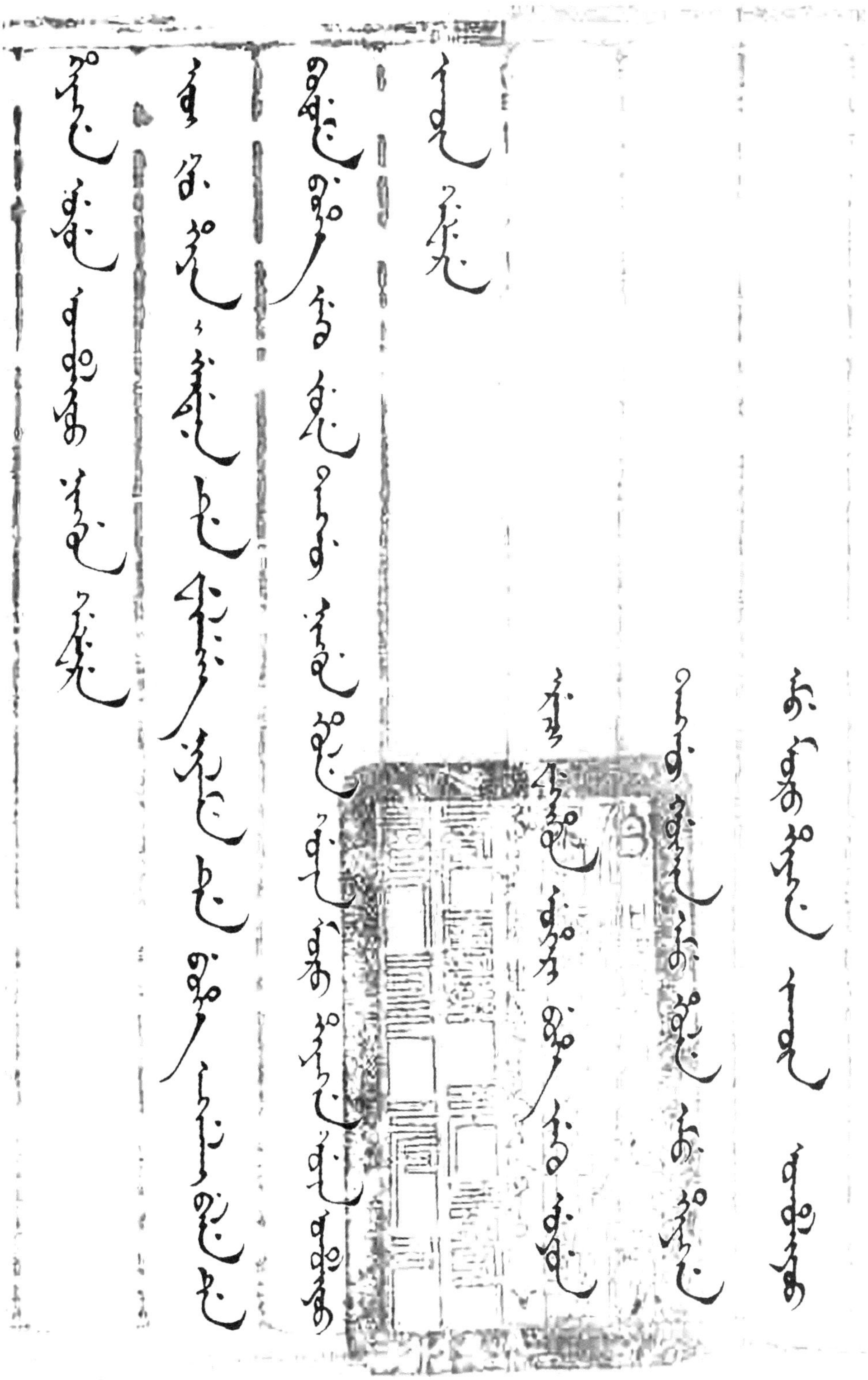

ᠪᡳᡨᡥᡝ ᡩᡝ ᠪᡳᡨᡥᡝᡳ ᠪᠣᠣ ᡤᡳᠶᠠᠨ ᠰᡳᡨᡥᡡᡥᡝ ᠪᠣᡳᡤᠣᠨ ᡳ ᠪᠣᡳᡤᠣᠨ ᠰᡳᠯᡳᠨ ᠠᡴᡡ

ᠰᠠᡵᡤᠠᠨ ᡨᡠᠮᡝᠨ ᡩᡝ ᡨᡠᠮᡝᠨ ᠰᡝᠮᡝ ᠪᡳᡨᡥᡝ ᡳᠯᡳᡥᠠ ᠮᡠᡩᠠᠨ ᡤᡡᠰᠠᡳ ᡤᡡᠰᠠ

ᠰᠠᠪᡠᡥᡝ ᠮᠠᠨᡤᡤᠠ ᠰᠠᠨᡤᡤᠠ ᡨᡠᠮᡝᠨ ᠪᡝ ᡤᡳᠶᠠᠨ ᠠᠮᠪᠠᠨ ᡨᡝᡵᡝ ᡳᠩᡤᠠᡳ ᡳᠩᡤᠠᡳ

ᠪᠣᡳᡤᠣᠨ ᠪᠣᡳᡤᠣᠨ ᡠᡳᡥᡝ ᠪᠠᡳᡨᠠᠯᠠᡥᠠ ᡨᡠᠰᡳᠶᠠᠨ ᠪᠣᡳᡤᠣᠨ ᠪᠠᡳᠴᠠᡥᠠ ᡤᡡᠰᠠᡳ ᡳ ᡳᠯᡳᡥᠠ ᡴᠠᠮᠴᡳᡶᡳ

ᠰᠣᡵᡳᠨ ᠶᠠᠮᡠᠯᡳᠨ ᠰᠣᠨᡨᠣᡥᠣ ᡨᡝᡵᡝ ᠪᡝ ᡤᡝᠮᡠ ᡳᠩᡤᠠᡳ ᠰᡝᡵᡝ ᠪᡝ ᡩᡝ ᡳᠵᡳᡥᡝ ᠮᡠᡩᠠᠨ ᠰᡝᡵᡝ

ᡤᡠᠸᠠᠯᡳᠶᠠ ᠠᠮᠪᠠ ᡤᡠᠸᠠᠯᡳᠶᠠ ᠠᠯᡳᠮᠪᡳ ᠰᠣᠨᡨᠣᡥᠣ ᠠᠯᡳᠮᠪᡳ ᠮᡠᡩᠠᠨ ᡳᡵᡤᡝᠨ ᠰᡠᠨᡨᠠ

ᠴᡳᠯᡳᡨᡝ ᡨᡠᠮᡝᠨ ᡴᠠᠮᠴᡳᡶᡳ ᠮᡠᡩᠠᠨ ᡳᠩᡤᠠᡳ ᠪᡳᡨᡥᡝ ᡩᡝ ᠪᡳᡨᡥᡝᡳ ᠪᠣᠣ ᡤᡳᠶᠠᠨ ᡳᠩᡤᠠᡳ

ᠮᡠᠩᡤᠠᠨ ᠪᠣᠣ ᡤᡡᠰᠠᡳ ᠨᡳᡵᡤᡝ ᠰᡳᠨᠵᡳᠶᠠᠩ ᠪᠣᡥᠣ ᠨᡳᡵᡤᡝ
ᠪᡝᡩᡝᡵᡝ ᠪᠣᠣ ᠰᡠᠨ ᠰᡳᠮᡝ ᠰᠣᡵᠣ ᠰᡝᡵᡝ ᠰᡠᠸᡝᡵᡝ
ᠨᡳᠶᠠᠯᠮᠠ ᠪᡝ ᠰᡝᠮᡝ ᠰᡳᠮᡝ ᠶᠠᠯᡳ ᠰᡳᠮᡝ ᠰᠣᡵᡤᡳ ᠰᡳᠮᡝ ᠮᡠᡴᡝ ᠰᠣᡵᡳ ᠪᡝ ᡩᡝ
ᡥᡡᠰᡠᠨ ᠪᡝᡵᡝ ᠰᡝᠮᡝ ᠰᡳᠮᡝ ᠶᠠᠯᡳ ᠰᡳᠮᡝ ᠪᠣᡥᠣ ᠪᡝ ᠰᡳᠨᡩᠠᡥᠠ ᡨᡠᠸᠠᠮᡝ
ᠰᡳᠨᡩᠠᡥᠠ ᠪᠣᠣ ᠰᡝᠮᡝ ᠶᠠᠯᡳ ᡨᡠᠮᡝᠨ ᠰᡠᠸᡝ ᠰᡳᠨᡩᠠ ᡩᡝ ᠪᠣᠣ
ᠰᡠᠸᡝᠨᡳ ᠪᠣᠣ ᠰᡳᠮᡝ ᡩᡝ ᠪᠣᡥᠣ ᠪᠣᠣ ᠰᡠᠸᡝ ᠰᡳᠮᡝ
ᡨᡠᠯᡝᡵᡤᡳ ᡩᡝ ᠪᠣᠣ ᡥᡡᠰᡠᠨ ᠪᡝᡵᡝ ᠰᡝᠮᡝ ᠶᠠᠯᡳ ᠰᡠᠸᡝ ᠰᡳᠮᡝ ᠪᠣᡥᠣ

[illegible]

[illegible]

[illegible]

[illegible]

[illegible]

[illegible]

[illegible]

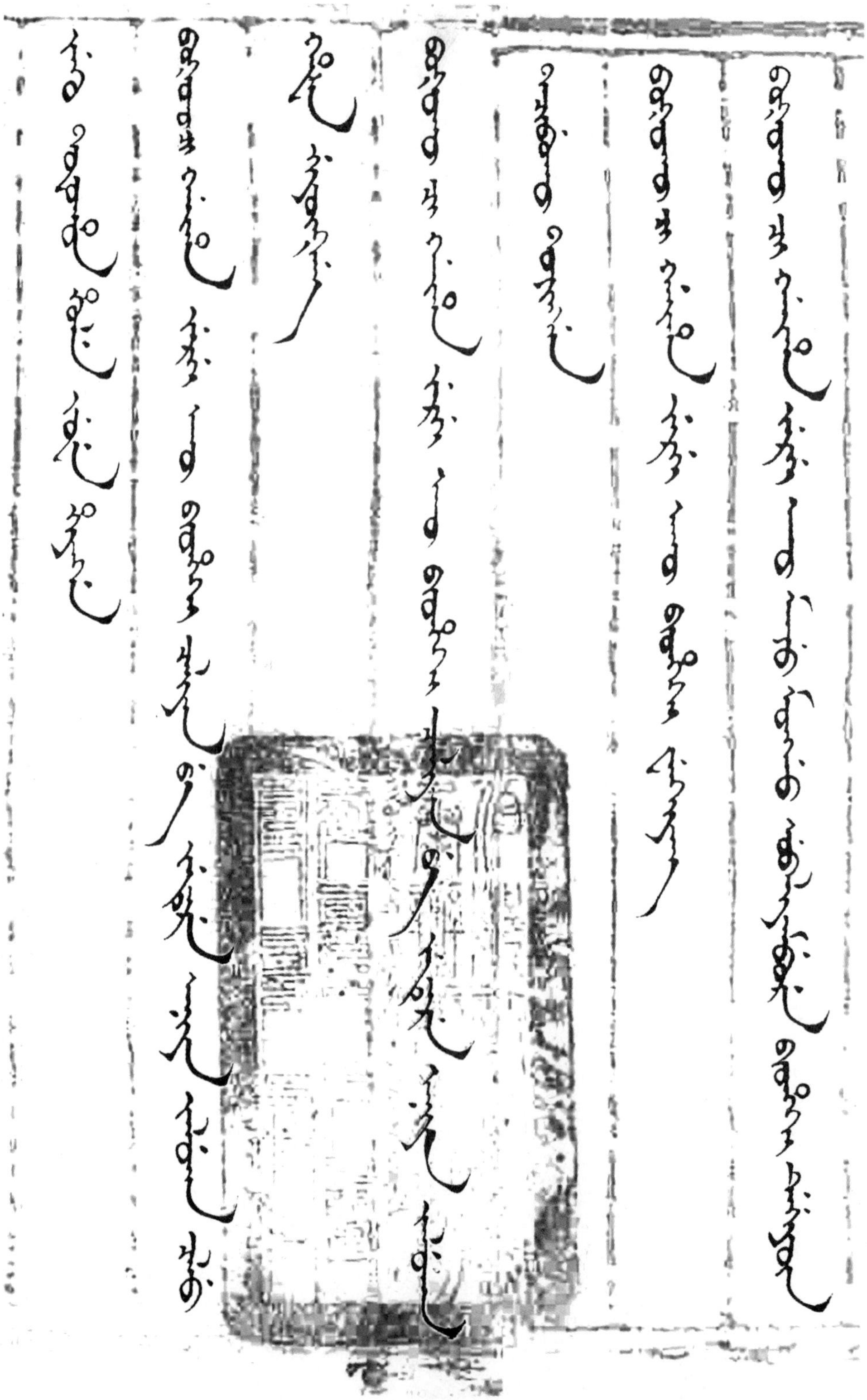

ᠰᡝᠮᡝ ᡥᡝᠰᡝ ᠣᡥᠣ ᠪᡝ ᠣᡥᠣ ᡤᡝᠮᡠ

ᠰᡳᠮᡝᠨᡝᡥᡝ ᠰᡝᠮᡝ ᠰᡳᠨ ᡠᠪᡝ ᠪᠣᡨᡳ ᡩᡝ ᠪᡠᠯᡝᡴᡠ ᠰᠠᡳᠰᡝᠮᡝ ᠪᡳᡥᡝ ᡴᠣᡳ ᠪᠣᡳ

ᠪᠣᡳ ᠪᡝ ᠪᠣᡳ ᡤᡳᠶᠠᠨ ᠪᡝ ᡩᡝ ᠪᠣᡳᡤᠣᠨ ᠪᡠᠯᡝᡴᡠ ᠰᡝᠮᡝ ᡤᡳᠶᠠᠨ ᡤᠣᠰᡳᠨ ᠪᠣᡳ

ᠪᡠᡨᡥᠠ ᠪᡝ ᠪᠣᡳᡤᠣᠨ ᠰᠠ ᡨᡠ ᠪᠣᡥᠣᡥᠣ ᡤᡳᠶᠠᠨᠠ ᡩᡝ ᠪᡠᠯᡝᡴᡠ ᠰᡳᠮᡝᠨᡝᡥᡝ ᠪᠣᡳ

ᠪᠠᡳᡨᠠ ᠪᡝᡳᠯᡝ ᠪᠣᡳ ᠪᠣᡳᡤᠣᠨ ᡨᡳᠶᡝ ᠪᡝ ᡤᡳᠶᠠᠨ ᠪᠣᡳ ᡩᡝ ᠪᠣᡳᡤᠣᠨ ᠪᡠᠯᡝᡴᡠ

ᠰᡝᠮᡝ ᠪᠣᡳᡤᠣᠨ ᠪᠣᡳ ᠪᡝ ᡤᡳᠶᠠᠨ

ᠪᠣᡳᡤᠣᠨ ᠠᠨ ᡤᡳᠶᠠᠨ ᡥᠠᠴᡳᠨ ᡨᡠ ᠪᠣᡩᠣᡥᠣ ᠪᡝᠯᡝᡳᠨᡝ ᡩᡝ ᠪᡠᠯᡝᡴᡠ ᠪᠣᡥᠣ ᠣᡥᠣ

[illegible]

ᡨᠣᡴᠣᠪᡠᡥᡝ ᠰᠠᡵᡴᡡ ᠠᡴᡡ ᡝᡵᡝ ᠪᡳᠶᠠ ᡳᠨᡝᠩᡤᡳ ᠠᠨᡳᠶᠠ ᠪᡝᡳᠴᡳᡥᡝ ᠰᡝᡥᡝ ᡳᠯᡝ

ᠴᡳ ᡤᡝᡥᡝ

ᠪᠣᡧᠣᡴᡳ ᠪᠠᡥᠠ ᠈ ᡩᠣᡵᡤᡳ ᠰᠠᡵᡳ ᡳᠯᡝᡥᡝ ᡳᠯᡝᠨ ᠪᠠᡳᡨᠠ ᠪᡳᠶᠠᠩᡤᠠ ᡳᠨᡝᡥᡝ ᡠᡴᡠ

ᠠᠮᠪᠠ ᠪᠠᡳᠴᡳᡥᡝ ᡥᡝᡳᡥᡝ ᡳᠯᡝᡥᡝ ᠪᡳᡥᡝ ᡠᡵᡠ ᡳᠯᡝᠮᡝ ᡤᡡᠨᡳᡥᡝ ᡳᠯᡝᡥᡝ ᡤᡡᠨᡳᠮᡝ ᡳᠯᡝᡥᡝ

ᠪᠠᡳᡨᠠ ᡤᡡᠨᡳᠮᡝ ᡳᡥᡝ ᡳᠯᡳᠮᠪᡝ ᡳᠯᡝᡥᡝ ᡳᠯᡳᡥᡝ

ᠪᡝᡳᡩᡝᡥᡝ ᠪᠠᡳᠮᡝ ᠈ ᡩᠣᡵᡤᡳ ᠰᠠᡵᡳ ᡳᠯᡝᡥᡝ ᡳᠯᡳᠪᡠᡥᡝ ᡳᠯᡝ ᡳᡳᡥᡝ ᠪᠠᡳᡨᠠᡥᡝ ᡠᡴᡠ

ᠪᠠᡳᠴᠠᠴᡳ ᡥᡝᡳᡥᡝ ᡳᠯᡝᡥᡝ ᡳᡥᡝ ᠪᡳᡥᡝ ᡠᡵᡠ ᡳᠯᡝᠮᡝ ᡤᡡᠨᡳᠴᡳ

30 伯都讷旗务承办处为报送公仓粜谷银两数目事呈吉林全省旗务处文

宣统二年八月十二日

為將公倉糶谷銀兩數目呈報　旗務處鑒核由

八　十二

行

十二日

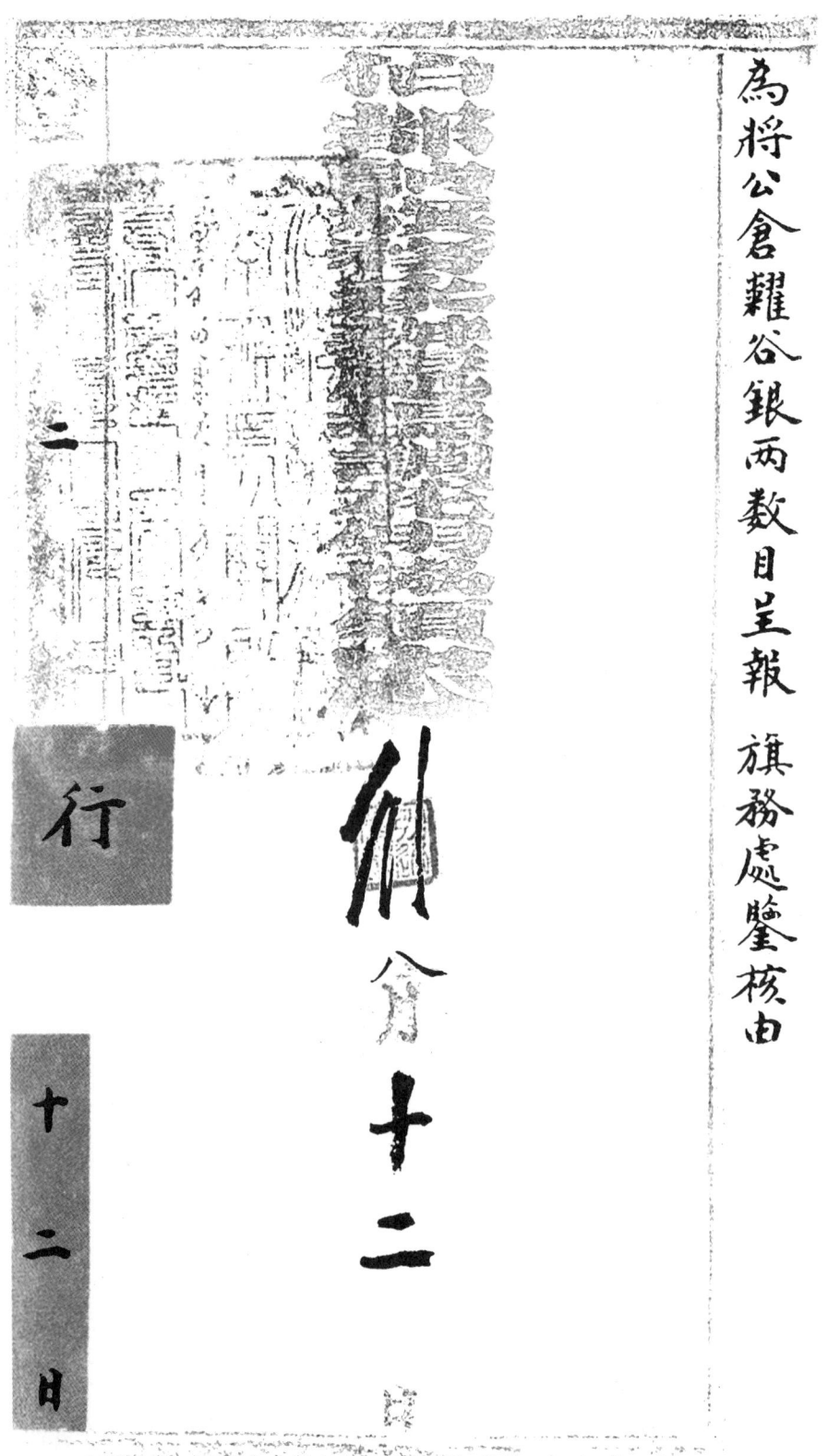

文牘科科員藍翎驍騎校崇興

文牘科藍翎副科員全壽

庶務科科員藍翎裁缺[illegible]筆帖式富克精阿

署庶務科科員藍翎副科員西成阿

署庶務科副科員書記長康瀓

監用關防文牘科書記長恩隆阿

兼庶務科書記長擬陪驍騎校常慶

監用關防庶務科書記長惠廉

伯都訥旗務承辦處　為造送公倉糶谷銀兩

動存數目清册事

舊管

光緒三十四年年終報銷無存等因造報在案

新收由

公署領來銀一百二十七兩七錢八分内

開除

宣統元年因抄寫衙署公用事件添給銀八十九兩八錢

衙署自宣統元年正月初一日起至十月十四日止需用木炭八仟觔每觔價銀三厘計給銀二十四兩

衙署義學需用糊窗户湲抄紙一百九十張每張價銀五分計給銀九兩五錢噴窗户辦印色需用油四十四觔每觔價銀五分計給銀二兩二錢白面五十七觔

每觔價銀四分計給銀二兩二錢八分

以上共計給銀一百二十七兩七

錢八分外

實在

現存無項

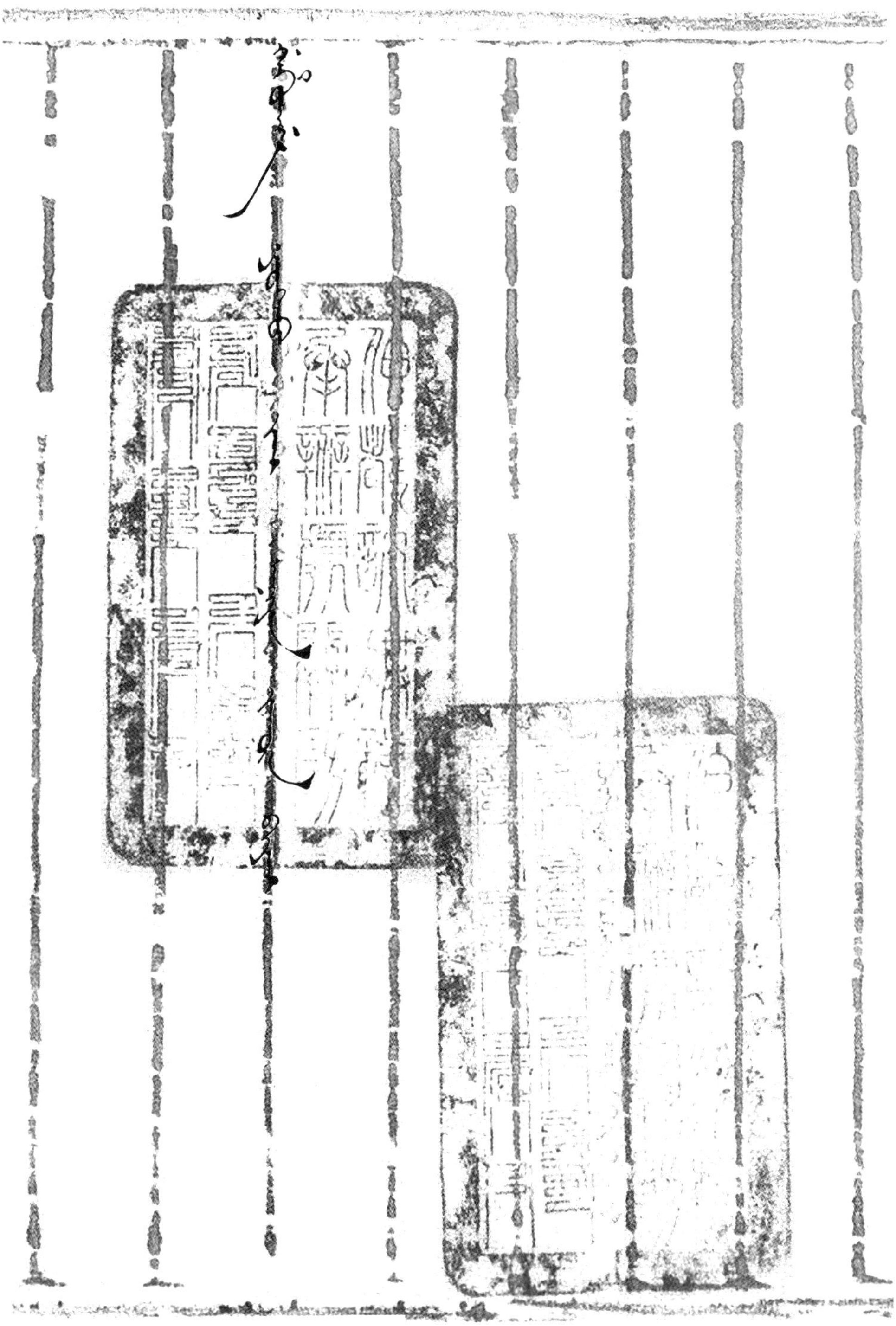

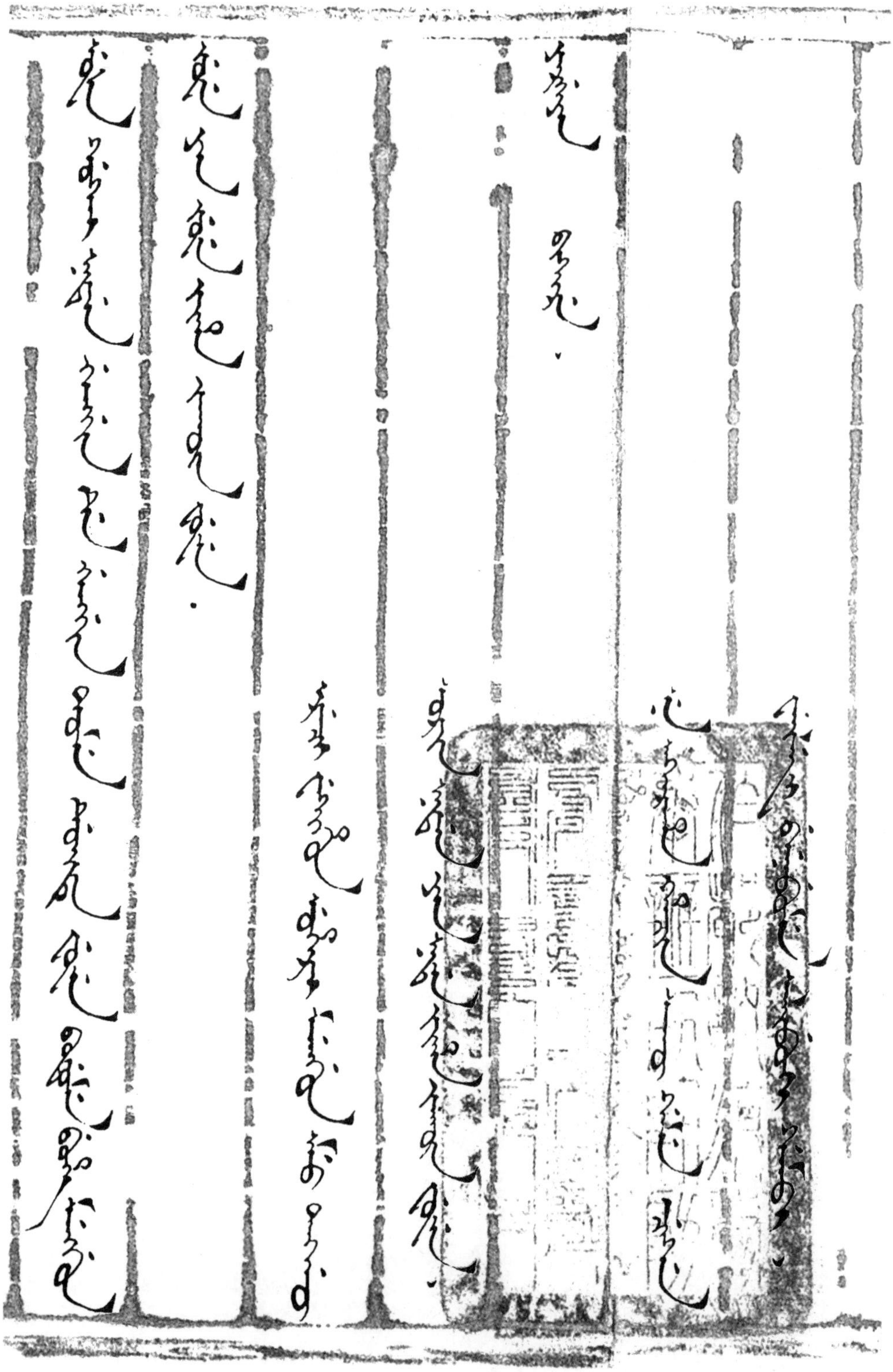

[illegible]

[illegible]

[illegible]

[illegible]

[illegible]

[illegible]

[illegible]

[illegible]

[illegible]

[illegible]

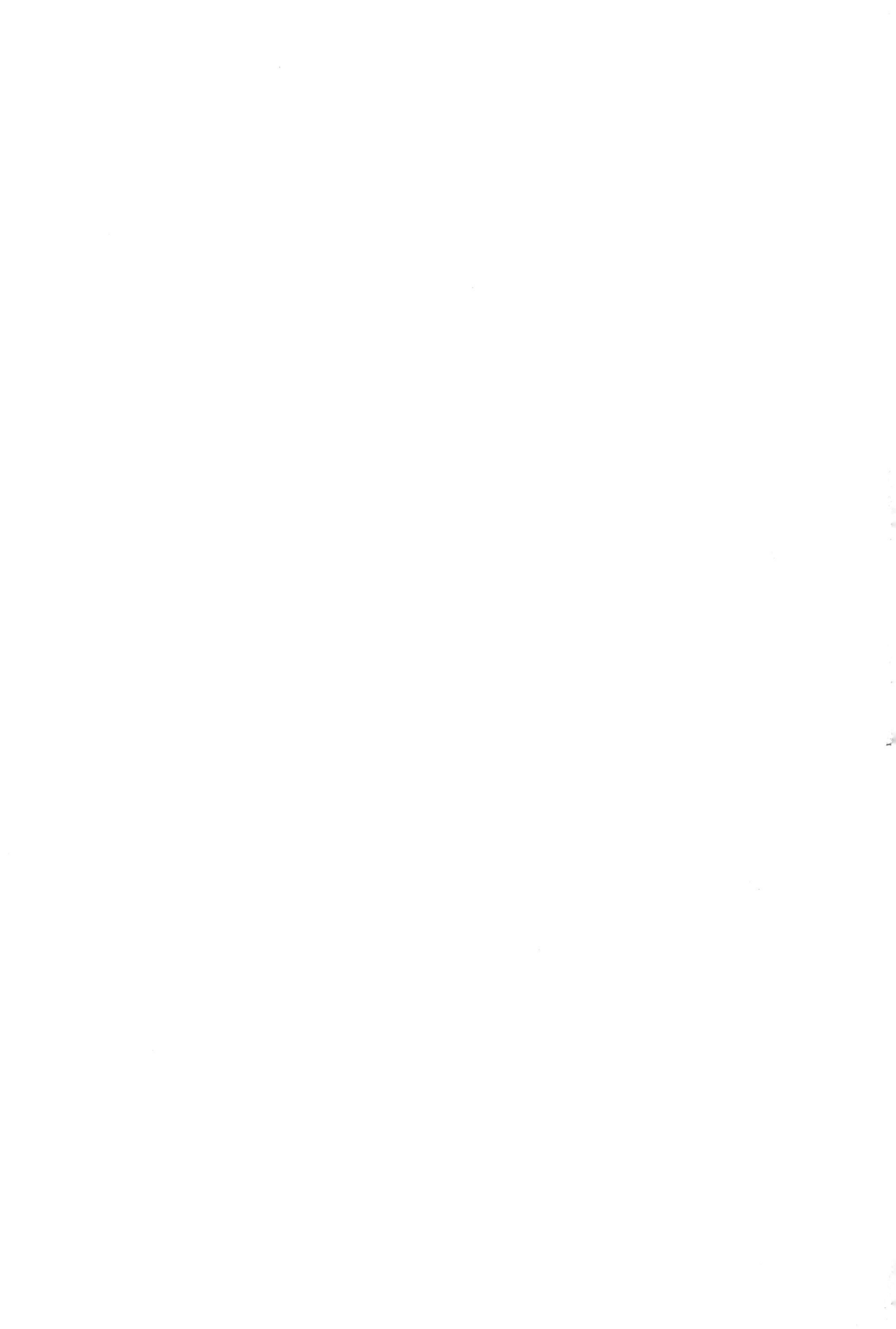